Dr. Xherok Li

Perëndia Shëruesi

dhe [Zoti] tha:
„Në qoftë se ti dëgjon me vëmëndje zërin e Zotit,
Perëndisë tënd, dhe bën atë që është e drejtë në sytë
e tij dhe dëgjon urdhërimet e tij dhe respekton tërë ligjet e tij,
unë nuk do të jap asnjë nga ato sëmundje që u kam dhënë Egjiptasve,
sepse unë jam Zoti që të shëron".
(Eksodi 15:26)

Perëndia Shëruesi shkruar nga Dr. Xherok Li
Publikuar nga Urim Books (Përfaqësuese: Kyungtae Noh)
73, Yeouidaebang-ro 22-gil, Dongjak-gu, Seoul, Korea
www.urimbooks.com

Të gjitha të drejtat të rezervuara. Ky libër ose pjesë të tij nuk mund të riprodhohen në asnjë formë, të ruhen në ndonjë sistem kërkimi, ose të transmetohen në çfarëdo forme apo mjeti, elektronik, mekanik, fotokopjues, regjistrues ose mjet tjetër, pa miratim paraprak me shkrim nga botuesi.

Të drejtat e autorit © 2017 nga Dr. Xherok Li
ISBN: 979-11-263-0255-0 03230
Të drejtat e autorit për përkthim © 2014 nga Dr. Ester K. Çung.
Përdorur me leje.

Botuar më parë në gjuhën koreane në vitin 2002 nga Urim Books, Seul, Korea e Jugut.

Botimi i parë, mars 2017

Redaktor Dr. Geumsun Vin
Dizajni nga Zyra e Përkthimeve Urim Books.
Shtypur nga Prione Printing
Për më shumë informacion kontaktoni me: urimbook@hotmail.com

Mesazh mbi librin

Ndërsa civilizimi dhe prosperiteti material vazhdojnë të përparojnë dhe të rriten, njerëzit sot kanë më shumë kohë të lirë. Për më tepër, për të gëzuar shëndet dhe jetë më të rehatshme, njerëzit investojnë kohë dhe pasuri si dhe u kushtojnë më shumë vëmendje informacioneve të ndryshme praktike.

Për jetën e një njeriu, plakja, sëmundja, dhe vdekja janë nën pushtetin e Perëndisë, ato nuk mund të kontrollohen me fuqinë e parasë apo të diturisë. Është i pamohueshëm fakti se pavarësisht shkencës mjekësore mjaft të sofistikuar të prodhuar nga njohuritë njerëzore të mbledhura në shekuj, numri i pacientëve që vuajnë nga sëmundje të pashërueshme është duke u rritur.

Gjatë historisë së botës, ka pasur njerëz të panumërt të besimeve dhe mendimeve të ndryshme – përfshirë Budën dhe Konfucin – por të gjithë heshtnin kur ballafaqoheshin me këtë çështje; asnjë prej tyre nuk ishte i zoti të ndalonte plakjen, sëmundjen, dhe vdekjen. Kjo çështje lidhet me mëkatin dhe shpëtimin e njeriut, të cilat nuk mund të zgjidhen nga njeriu.

Sot, ka shumë spitale dhe farmaci, të cilat duken të gatshme për ta kthyer shoqërinë tonë në shoqëri të shëndetshme dhe pa sëmundje. Trupat tanë dhe bota janë infektuar nga sëmundje të ndryshme, që nga gripi i zakonshëm e deri te sëmundjet e panjohura për të cilat nuk ka shërim. Njerëzit ia vënë fajin klimës dhe ambientit ose thjesht e vijojnë si fenomen natyror ose fiziologjik dhe u besojnë mjekimeve dhe teknologjive mjekësore.

Me qëllim që të marrim shërim dhe të jetojmë një jetë të shëndetshme, secili prej nesh duhet të kuptojë se nga e ka origjinën sëmundja dhe si mund të shërohemi. Tek ungjilli dhe tek e vërteta ka gjithmonë dy anë: për njerëzit që nuk i pranojnë ato do të ketë mallkim dhe ndëshkim, ndërsa për njerëzit që i pranojnë do të ketë bekim dhe jetë. Ky është vullneti i Perëndisë për të vërtetën, që të fshihet nga ata që ashtu si Farisenjtë dhe mësuesit e ligjit, e gjykojnë vetveten si të zgjuar dhe inteligjent. Por gjithashtu është vullneti i Perëndisë që e vërteta t'u zbulohet atyre që janë si fëmijët, që e dëshirojnë atë dhe i hapin zemrat e tyre (Luka 10:21).

Perëndia ka premtuar bekime për ata që binden dhe jetojnë sipas urdhëresave të Tij, ndërkohë që Ai e ka regjistruar me hollësi mallkimin dhe të gjitha llojet e sëmundjeve që do të bien mbi ata që nuk u binden urdhrave të tij (Ligji i Përtërirë 28:1-68).

Kjo vepër kërkon që të sjell disa individë në rrugën e drejtë për t'u liruar nga sëmundja, duke u kujtuar fjalën e Perëndisë, jobesimtarëve dhe besimtarëve që e harrojnë atë.

Për aq sa dëgjon, kupton, dhe ushqehesh me Fjalën e Perëndisë, dhe nga fuqia e Tij për shpëtim e shërim, lutem që të marrësh shërim nga sëmundjet qofshin të mëdha apo të vogla. Lutem që ti dhe familja jote të keni gjithmonë shëndet të mirë!

Xherok Li

Përmbajtja
Perëndia Shëruesi

Mesazh mbi librin

Kapitulli 1
Origjina e Sëmundjeve dhe Rrezja e Shërimit   1

Kapitulli 2
A Dëshiron të Shërohesh?   13

Kapitulli 3
Perëndia Shëruesi   31

Kapitulli 4
Për Shkak të Vurratave të Tij Ne Jemi Shëruar   45

Kapitulli 5
Fuqia Për të Shëruar Lëngatat   61

Kapitulli 6
Mënyrat Për të Shëruar të Idemonizuarit   75

Kapitulli 7
Naamani, Besimi dhe Bindja e Lebrozit   93

Kapitulli 1

Origjina e Sëmundjeve dhe Rrezja e Shërimit

Por për ju që keni frikë nga emri im,
do të lindë dielli i drejtësisë me shërimin në krahët e tij,
dhe ju do të dilni dhe do të hidheni
si viçat që dalin nga stalla.

Malakia 4:2

1. Shkaku i vërtetë i sëmundjes

Nga dëshira për të jetuar të lumtur dhe të shëndetshëm gjatë kohës së tyre në tokë, njerëzit konsumojnë të gjitha llojet e ushqimeve që ata dinë se janë të nevojshme për shëndetin e tyre. Me të gjitha përparimet e civilizimit material dhe shkencës së mjekësisë, realiteti është vuajtja nga sëmundje të pashërueshme që nuk mund të parandalohen.

A mundet njeriu të lirohet nga agonia e sëmundjes gjatës kohës së tij në tokë?

Shumë njerëz ia vënë fajin klimës dhe ambientit, ose thjeshtë e vijojnë sëmundjen si fenomen natyror ose fiziologjik dhe u besojnë mjekimeve dhe teknologjive mjekësore. Pasi përcaktohet burimi i të gjitha llojeve të sëmundjeve, përsëri, askush nuk mund të lirohet prej tyre.

Bibla na shfaq mënyrat themelore se si mund të jetojmë të lirë nga sëmundjet dhe nëse dikush është i sëmurë, mënyrat me anë të të cilave mund të shërohet:

> *dhe [Zoti] tha: „Në qoftë se ti dëgjon me vëmëndje zërin e Zotit, Perëndisë tënd, dhe bën atë që është e drejtë në sytë e tij dhe dëgjon urdhërimet e tij dhe respekton tërë ligjet e tij, unë nuk do të jap asnjë nga ato sëmundje që u kam dhënë Egjiptasve, sepse unë jam Zoti që të shëron"* (Eksodi 15:26).

Kjo është Fjala e Perëndisë që kontrollon jetën e njeriut,

vdekjen, mallkimet dhe bekimet e secilit.

Çfarë është sëmundja dhe pse ndonjëri mund të infektohet prej saj? Në mjekësi, termi, "sëmundje" u referohet të gjitha llojeve të paaftësive në pjesë të ndryshme të një trupi – një gjendje e pazakontë dhe anormale e shëndetit – që zhvillohet dhe përhapet më shumë nga bakteret. Me fjalë të tjera, sëmundja është një gjendje anormale e shkaktuar nga helme ose baktere. Te Eksodi 9:8-9 është një përshkrim i procesit të asaj që do të shkaktonte ulcera në Egjipt:

> *Pastaj Zoti u tha Moisiut dhe Aaronit: "Merrni ca grushte hi furre, dhe Moisiu ta shpërndajë atë drejt qiellit në sytë e Faraonit. Ai do të bëhet një pluhur i imët në të gjithë vendin e Egjiptit, dhe do të shkaktojë ulcera që do të përftojnë puçrra me qelb te njerëzit dhe te kafshët në të gjithë vendin e Egjiptit".*

Te Eksodi 11:4-7, ne lexojmë për ndarjen e njerëzve të Izraelit nga ata të Egjiptit nga ana e Perëndisë. Për izraelitët që e adhuruan Perëndinë, nuk kishte ulcerë, ndërsa për egjiptianët që nuk e adhuruan kurrë Perëndinë dhe nuk jetuan sipas vullnetit të Tij, kishte ulcerë tek i parëlinduri i tyre.

Përmes Biblës, mësojmë se edhe sëmundjet janë nën pushtetin e Perëndisë, se Ai mbron ata që shkojnë tek ai në rast sëmundjesh, dhe se sëmundjet do të kapin ata që mëkatojnë sepse ai e largon fytyrën e Tij nga njerëz të tillë.

Pse ka sëmundje dhe vuajtje prej tyre? A do të thotë kjo se Perëndia Krijuesi i bëri sëmundjet gjatë kohës së krijimit që njeriu të jetonte me rrezikun e sëmundjes? Perëndia Krijuesi krijoi njeriun dhe kontrollon çdo gjë në univers në mirësi, drejtësi, dhe dashuri.

Pasi krijoi ambientin e duhur për njeriun (Zanafilla 1:3-25), Perëndia e krijoi njeriun në imazhin e Tij, e bekoi, dhe i lejoi autoritetin dhe lirinë maksimale.

Me kalimin e kohës, njerëzit lirisht gëzonin bekimet e dhëna nga Perëndia ndërsa u bindeshin urdhrave të Tij dhe jetonin në Kopshtin e Edenit ku nuk kishte lot, dhimbje, vuajtje dhe sëmundje. Kur Perëndia pa se çdo gjë që kishte bërë shkonte shumë mirë (Zanafilla 1:31), Ai dha një urdhër: *„Ha bile lirisht nga çdo pemë e kopshtit; por mos ha nga pema e njohjes të së mirës dhe të së keqes, sepse ditën që do të hash prej saj ke për të vdekur me siguri"* (Zanafilla 2:16-17).

Megjithatë, gjarpri dinak pa se njerëzit nuk e zbatonin urdhërimin e Perëndisë në mendjen e tyre, përkundrazi, gjarpri e tundoi Evën, gruan e burrit të parë të krijuar. Kur Adami dhe Eva hëngrën nga pema e njohjes të së mirës dhe së keqes dhe mëkatuan (Zanafilla 3:1-6), ashtu siç Perëndia paralajmëroi, vdekja hyri te njeriu (Romakëve 6:23).

Pas kryerjes së mëkatit të mosbindjes dhe ndërsa njeriu mori pagën e mëkatit dhe duhej të vdiste, fryma brenda njeriut – pronari i tij – gjithashtu vdiq dhe lidhja mes njeriut dhe Perëndisë u ndërpre. Ata u larguan nga Kopshti i Edenit dhe filluan të jetonin në lot, dhimbje, vuajtje, sëmundje dhe vdekje.

Duke qenë se gjithçka në tokë u mallkua, ajo prodhoi gjemba dhe shkurre dhe ata mund të ushqeheshin vetëm duke punuar me djersën e ballit (Zanafilla 3:16-24).

Pra, shkaku kryesor i sëmundjes është mëkati fillestar nga mosbindja e Adamit. Nëse Adami do i ishte bindur Perëndisë, ai nuk do ishte përzënë nga Kopshti i Edenit, por do të gëzonte një jetë të shëndetshme gjatë gjithë kohës. Me fjalë të tjera, me anë të një njeriu çdo njeri u bë mëkatar dhe jeton nën rrezikun dhe vuajtjen e të gjitha llojeve të sëmundjeve. Pa zgjidhur fillimisht problemin e mëkatit, askush nuk mund të deklarohet i drejtë në sytë e Perëndisë duke zbatuar ligjin (Romakëve 3:20).

2. Dielli i drejtësisë që mban shërimin në krahët e Tij

Malakia 4:2 thotë, *"Por për ju që keni frikë nga emri im, do të lindë dielli i drejtësisë me shërimin në krahët e tij, dhe ju do të dilni dhe do të hidheni si viçat që dalin nga stalla".* Këtu, *"dielli i drejtësisë"* i referohet Mesisë.

Duke parë njerëzimin në rrugën e shkatërrimit, që vuante nga sëmundjet, Perëndia pati mëshirë dhe na shpengoi nga të gjitha mëkatet nëpërmjet Jezus Krishtit që Ai kishte përgatitur, duke e lejuar Atë të kryqëzohej në kryq dhe të derdhej gjaku i Tij. Për më tepër, çdokush që e pranoi Jezus Krishtin, mori falje për mëkatet e tij dhe shpëtim. Tani mund të jetë i lirë nga sëmundjet si dhe mund të jetoj një jetë të shëndetshme. Nga mallkimi mbi të gjitha gjërat, njeriu duhej të jetonte në rrezikun e sëmundjes deri në frymën e fundit, por nga dashuria dhe hiri i Perëndisë tani është e hapur rruga për liri nga sëmundjet.

Kur fëmijët e Perëndisë i rezistojnë mëkatit deri në pikën që mund të derdhin gjakun e tyre (Hebrenjtë 12:4) dhe jetojnë sipas fjalës së Tij, Zoti do t'i mbrojë ata me sytë e Tij që janë si flakë e ndritshme dhe me murin e zjarrtë të Frymës së Shenjtë në mënyrë që asnjë helm të mos futet në trupin e tyre. Nëse dikush sëmuret, kur ai pendohet dhe ndërron rrugën, Perëndia mund t'ia heq sëmundjen dhe t'i shëron çdo pjesë të infektuar. Ky është shërimi nga „dielli i drejtësisë".

Mjekësia moderne ka zhvilluar terapinë me rreze ultravioletë, e cila përdoret sot për të parandaluar dhe shëruar lloje të ndryshme sëmundjesh. Rrezet ultravioletë janë shumë efektive për dezinfektimin edhe në rastet e ndryshimeve kimike në trup. Kjo terapi mund të shkatërrojë rreth 99% koloni bacilesh, difterinë dhe bacilet e dizenterisë. Gjithashtu është efektive për tuberkulozin, rakitizmin, aneminë, reumatizmin dhe sëmundjet e lëkurës. Një trajtim kaq i nevojshëm dhe i fuqishëm siç është terapia me rreze ultravioletë nuk mund të aplikohet te të gjitha sëmundjet.

Vetëm „dielli i drejtësisë që mban shërimin në krahët e tij" që është shkruar në Bibël është rrezja e fuqisë që mund të shërojë sëmundjet. Rrezet e diellit të drejtësisë mund të përdoren për të shëruar të gjitha llojet e sëmundjeve dhe kështu mund t'u aplikohet të gjithë njerëzve. Mënyra se si Perëndia shëron është vërtetë e thjeshtë, por e plotë dhe më e mira.

Jo shumë larg themelimit të kishës sime, një pacient në prag të vdekjes i cili vuante nga dhimbje të tmerrshme si pasojë e paralizës dhe kancerit, u soll tek unë me barelë. Ai nuk mund të fliste sepse gjuha i ishte mpirë dhe nuk mund të ecte sepse i gjithë trupi i ishte paralizuar. Meqë doktorët ishin dorëzuar, gruaja e pacientit, e cila besonte te fuqia e Perëndisë, e nxiti burrin e saj t'i dorëzonte gjithçka Atij. Pasi e realizoi këtë, mënyra e vetme për të vazhduar jetën e tij ishte duke iu përgjëruar Perëndisë, pacienti u përpoq të adhuronte edhe ndërsa qëndronte shtrirë dhe gruaja e tij lutej zellshëm me besim e dashuri. Kur pashë besimin e të dyve, u luta me zjarr për burrin. Shumë shpejt, burri i cili e kishte persekutuar më parë gruan e tij për shkak se besonte në Jezusin filloi të pendohej duke dorëzuar zemrën e tij, dhe Perëndia shpërndau rrezen e shpëtimit, e ndezi trupin e burrit me zjarrin e Frymës së Shenjtë, dhe i pastroi trupin. Haleluja! Pasi u shkul rrënja e shkakut të sëmundjes, burri shumë shpejtë filloi të ecë e vrapojë dhe ishte i shëndetshëm përsëri. Është e nevojshme të përmendet se si pjesëtarët e kishës Manmin i falën lavdi Perëndisë dhe u gëzuan duke përjetuar këtë vepër të mrekullueshme të shërimit të Perëndisë.

3. Për ju që nderoni emrin tim

Perëndia ynë është i plotfuqishmi që krijoi çdo gjë në univers sipas fjalës së Tij dhe që krijoi njeriun nga pluhuri. Që atëherë Ai është bërë Ati ynë, edhe nëse biem në mëkat. Kur të varemi plotësisht prej Tij me besimin tonë, Ai do të na shohë dhe do ta pranojë besimin tonë dhe me hir do të na shërojë. Nuk ka asnjë gjë të keqe të kurohesh në spital, por Perëndia i magjeps fëmijët e Tij që besojnë plotfuqishmërinë dhe diturinë e Tij, me zjarr e thërrasin, marrin shërim dhe i japin lavdi.

Te 2 Mbretërve 20:1-11 gjendet historia e Ezekias, mbreti i Judas, i cili kreu mëkat kur Asiria pushtoi mbretërinë e tij, por mori shërim të plotë tri ditë pasi iu lut Perëndisë dhe iu zgjat jeta me pesëmbëdhjetë vjet.

Me anë të Profetit Isaia, Perëndia i thotë Ezekias, *„Rregullo shtëpinë tënde, sepse ke për të vdekur dhe jo për t'u shëruar"* (2 Mbretërve 20:1; Isaia 38:1). Me fjalë të tjera, Ezekias iu dha dënim me vdekje dhe iu tregua të përgatitej për vdekjen si dhe të rregullonte punët për mbretërinë dhe familjen e tij. Ai menjëherë e ktheu fytyrën nga muri dhe i lutej Perëndisë (2 Mbretërve 20:2). Kur mbreti e kishte kuptuar se sëmundja e tij ishte rezultat i marrëdhënies së tij me Perëndinë, vendosi mënjanë çdo gjë dhe filloi të lutej.

Kur Ezekia iu lut me zjarrë dhe në lot Perëndisë, Ai i tha dhe i premtoi mbretit, *„E dëgjova lutjen tënde, i pashë lotët e tua; ja, do t'u shtoj pesëmbëdhjetë vjet ditëve të tua; do të të çliroj ty dhe këtë qytet nga duart e mbretit të Asirisë dhe do ta mbroj këtë qytet"* (Isaia 38:5-6). Ne mund ta marrim me mend se me sa zjarr u lut Ezekia kur Perëndia i tha, „I dëgjova lutjet dhe i pashë lotët e tu".

Perëndia iu përgjigj kërkesave të Ezekias duke e shëruar

plotësisht mbretin kështu që ai mundi të shkonte te tempulli i Zotit në tri ditë. Për më tepër, Perëndia ia zgjati jetën me pesëmbëdhjetë vjet, dhe gjatë jetës së tij ai e shpëtoi qytetin e Jeruzalemit nga kërcënimet e Asirias.

Sepse Ezekia e dinte shumë mirë se jeta dhe vdekja e njeriut ishin në dorën e Perëndisë, t'i luteshe Perëndisë ishte më e rëndësishme. Perëndia ishte i kënaqur me besimin dhe zemrën e përulur të Ezekias, i premtoi shërim, dhe kur mbreti pa një shenjë të shërimit të tij, Ai e bëri hijen që të kthehej 10 hapa prapa në shkallën e Ahazit (2 Mbretërve 20:11). Perëndia ynë është Zoti i shërimit dhe një Atë i përkushtuar që u jep atyre që kërkojnë.

Ndryshe shohim te 2 Kronikat 16:12-13, *„Në vitin e tridhjetë e nëntë të mbretërimit të tij Asa u sëmur nga këmbët, dhe sëmundja e tij ishte shumë e rëndë, por gjatë sëmundjes së tij Ai nuk kërkoi Zotin, por iu drejtua mjekëve. Kështu Asa pushoi bashkë me etërit e tij dhe vdiq në vitin e dyzetenjëtë të mbretërisë së tij".* Kur ai fillimisht hipi në fron, *„Asa bëri atë që ishte e drejtë në sytë e Zotit, njësoj si Davidi i ati i tij"* (1 Mbretërve 15:11). Ai në fillim ishte një sovran i zgjuar, por e humbi gradualisht besimin në Perëndinë dhe filloi të kishte më shumë besim te njerëzit, kështu që mbreti nuk mund ta merrte ndihmën e Perëndisë.

Kur Baasha, mbreti i Izraelit, pushtoi Judan, Asa besoi te Ben-Hadad, mbreti i Aramit, jo në Perëndinë. Për këtë arsye Asa u kritikua nga profeti Hanan, por ai nuk u kthye nga rruga e tij dhe burgosi profetin dhe shtypi popullin e tij (2 Kronikat 16:7-

10). Përpara se Asa të fillonte të besonte te mbreti i Aramit, Perëndia ndërhyri tek ushtria e Aramit që mos të pushtonte Judan. Për sa kohë Asa i besoi mbretit të Aramit në vend të Perëndisë, mbreti i Judas nuk mund të merrte asnjë ndihmë prej Tij. Për më tepër, Ai nuk mund të kënaqej me Asan që pa ndihmën e fizikanëve në vend të asaj të Perëndisë. Kjo është arsyeja pse Asa vdiq dy vjet pas një infeksioni në këmbë. Megjithëse Asa e kishte deklaruar besimin e tij në Perëndinë, ngaqë ai nuk demonstroi asnjë vepër dhe dështoi kur i thërriti Perëndisë, Zoti i plotfuqishëm nuk mund të bënte gjë për mbretin.

Rrezja e shërimit e dërguar prej Perëndisë mund të shërojë çdo lloj sëmundjeje. Kështu, paralitikët mund të ngrihen dhe të ecin, të verbrit mund të shohin, të shurdhrit mund të dëgjojnë dhe të vdekurit mund të kthehen në jetë. Ngaqë Perëndia Shëruesi ka fuqi të pakufishme, nuk ka rëndësi serioziteti i një sëmundjeje. Për Perëndinë Shërues është njësoj një sëmundje e vogël si gripi me një kancer në gjendje kritike. Çështja më e rëndësishme është lloji i zemrës me të cilën shkojmë para Tij; nëse e ke zemrën si Asa apo si Ezekia.

Lutem në emrin e Perëndisë që ti të mund të pranosh Jezus Krishtin, të marrësh përgjigje për problemin e mëkatit, të kesh besim të drejtë, t'i lutesh Perëndisë me zemër të përulur, dhe besimi të të shoqërojë në veprat si ato të Ezekias; lutem poashtu që të marrësh shërim nga çdo sëmundje dhe gjithmonë të jetosh një jetë të shëndetshme!

Kapitulli 2

A Dëshiron të Shërohesh?

Aty ishte një njeri
i lënguar prej tridhjetë e tetë vjetësh. Jezusi,
duke e parë shtrirë dhe duke e ditur
se prej shumë kohe ishte në atë gjendje,
i tha: „A dëshiron të shërohesh?"

Gjoni 5:5-6

1. A dëshiron të shërohesh?

Ka raste të ndryshme të njerëzve të cilët nuk e kanë njohur më parë Perëndinë, por e kanë kërkuar dhe kanë ardhur tek Ai. Disa vijnë te Perëndia duke ndjekur ndërgjegjen e tyre të mirë, ndërsa disa të tjerë pasi janë ungjillëzuar. Disa të tjerë e kanë kërkuar Perëndinë pas eksperiencave skeptike në jetë ose pas dështimeve në biznes apo problemeve familjare. Por të tjerë vijnë para Tij pasi kanë përjetuar vuajtje zemre, dhimbje fizike ose kur kanë pasur frikë nga vdekja.

Ashtu siç veproi pranë pellgut të Bethesdas invalidi që kishte tridhjetë e tetë vjet që vuante, për t'ia dorëzuar sëmundjet e tua Perëndisë dhe për të marrë shërim, duhet të dëshirosh shërimin mbi të gjitha.

Në Jeruzalem, pranë Portës së Deles, ndodhej një pellg që në hebraisht quhej „Bethesda". Ishte i rrethuar nga pesë kolona ku i verbri, topalli dhe i paralizuari mblidheshin dhe shtriheshin aty sepse legjenda thoshte se një engjëll i Perëndisë zbriste dhe trazonte ujin. Besohej gjithashtu se çdokush që do të hynte në pellg pas çdo trazimi uji në pellgun e quajtur, „Shtëpia e Mëshirës," mund të shërohej nga çdo sëmundje që kishte.

Pasi pa një invalid që vuante prej tridhjetë e tetë vjetësh të shtrihej pranë pellgut, dhe duke e ditur se sa gjatë kishte vuajtur ai njeri, Jezusi e pyet, „A dëshiron të shërohesh?" Burri u përgjigj, *„Zot, unë s'kam njeri që, kur lëviz uji, të më fusë në pellg; dhe, ndërsa unë po shkoj, një tjetër zbret para meje"* (Gjoni 5:7). Përmes kësaj, burri i rrëfeu Perëndisë se edhe nëse do të dëshironte të shsdërohej, ai nuk mund të ecte dot vetëm. Perëndia ynë e pa zemrën e burrit dhe i tha, „Çohu, merr vigun tënd dhe ec," dhe pasi ai u shërua, ngriti shtrojën dhe eci (Gjoni 5:8).

2. Duhet të pranosh Jezus Krishtin

Kur burri që kishte qenë invalid për tridhjetë e tetë vjet takoi Jezus Krishtin, u shërua menjëherë. Pasi filloi të besonte në Jezus Krishtin, burimin e jetës së vërtetë, burri u fal për të gjitha mëkatet dhe u shërua nga të gjitha sëmundjet.

Ka ndonjë nga ju që ndjen ankth nga sëmundja që ka? Nëse je duke vuajtur nga ndonjë sëmundje dhe dëshiron të vish përpara Perëndisë për të marrë shërim, në fillim duhet të pranosh Jezus Krishtin, të bëhesh fëmijë i Zotit dhe të marrësh falje në mënyrë që të largosh çdo barrierë mes teje dhe Perëndisë. Gjithashtu duhet të besosh se Perëndia është i gjithëpushtetshëm, Ai mund të kryejë çdo mrekulli. Duhet të besosh se ne u shpëtuam nga të gjitha sëmundjet tona nga fshikullimi i Jezusit, dhe nëse përpiqesh në emër të Jezus Krishtit do të marrësh shërim.

Kur ne kërkojmë me këtë lloj besimi, Perëndia do të na i dëgjojë lutjet me besim dhe do të na shfaqë veprën e shërimit. Nuk ka rëndësi se sa kritike mund të jetë sëmundja jote, duhet t'ia besosh problemet e sëmundjes Perëndisë, duke kujtuar se mund të jeshë përsëri i shëndetshëm kur Perëndia të të shërojë.

Paralitiku që shfaqet te Marku 2:3-12, në fillim dëgjoi se

Jezusi kishte ardhur në Kapernaum dhe dëshiroi të shkonte para Tij. Pasi kishte dëgjuar lajmin e Jezusit që shëronte njerëz me sëmundje të ndryshme, dëbonte shpirtrat e këqij dhe shëronte lebrosët, paralitiku mendoi se nëse do ta besonte mund të merrte shpëtim. Kur paralitiku e kuptoi nuk mund të shkonte pranë Jezusit për shkak të radhës së gjatë të njerëzve që ishin grumbulluar. Me ndihmën e miqve të tij ai hapi çatinë e shtëpisë ku rrinte Jezusi dhe u ul para Tij.

A mund ta imagjinosh se sa shumë dëshironte të shkonte para Jezusit paralitiku duke bërë këtë gjë? Si reagoi Jezusi kur paralitiku, i cili nuk ishte i aftë të shkonte nga një vend në tjetrin për shkak të turmës, tregoi besimin dhe dedikimin e tij me ndihmën e miqve? Jezusi nuk e qortoi paralitikun për shkak të sjelljes së tij, por i tha, "Bir, mëkatet e tua janë falur" dhe e urdhëroi të ngrihej e të ecte.

Te Fjalët e Urta 8:17 Perëndia na thotë, *"Unë i dua ata që më duan; dhe ata që më kërkojnë me kujdes do të të më gjejnë"*. Nëse dëshiron të lirohesh nga ankthi i sëmundjes, së pari duhet ta dëshirosh me zjarr shërimin, të besosh te fuqia e Perëndisë që mund të zgjidhë problemin e sëmundjes dhe të pranosh Jezus Krishtin.

3. Duhet të shkatërrosh murin e mëkatit

Nuk ka rëndësi se sa beson se mund të shërohesh nga fuqia e Perëndisë, Ai nuk mund të punojë me ty nëse ka një mur mëkati mes teje dhe Tij.

Ja Përse tek Isaia 1:15-17, Perëndia na thotë, *„Kur i shtrini duart tuaja, unë i fsheh sytë e mi nga ju; edhe kur i shumoni lutjet tuaja, unë nuk dëgjoj; duart tuaja janë tërë gjak. Lahuni, pastrohuni, largoni nga prania ime ligësinë e veprimeve tuaja, mos bëni më keq. Mësoni të bëni të mirën, kërkoni drejtësinë, ndihmoni të shtypurin, sigurojini drejtësi jetimit, mbroni çështjen e gruas së ve,"* dhe më pas në vargun vijues Ai premton, *„Ejani, pra, dhe të diskutojmë bashkë, thotë Zoti, edhe sikur mëkatet tuaja të ishin të kuqe flakë, do të bëhen të bardha si bora, edhe sikur të ishin të kuqe të purpur, do të bëhen si leshi"*.

Ne gjithashtu gjejmë tek Isaia 59:1-3:

> *Ja, dora e Zotit nuk është tepër e shkurtër për të shpëtuar, as veshi i tij nuk është tepër i rënduar për të dëgjuar. Por paudhësitë tuaja kanë shkaktuar një ndarje midis jush dhe Perëndisë tuaj, dhe mëkatet tuaja kanë bërë të fshihet fytyra e tij prej jush, që të mos ju dëgjojë më. Sepse duart tuaja janë ndotur me gjak dhe gishtërinjtë tuaj me paudhësi; buzët tuaja thonë gënjeshtra, gjuha juaj pëshpërit çoroditje.*

Njerëzit që nuk e njohin Perëndinë dhe nuk e kanë pranuar Jezus Krishtin dhe kanë jetuar sipas kënaqësive të veta pa e kuptuar se janë mëkatarë. Kur njerëzit e pranojnë Jezus Krishtin si Shpëtimtarin e tyre marrin si dhuratë Frymën e Shenjtë.

Fryma e Shenjtë do t'i dënojë njerëzit mëkatarë të cilët duhet të kenë parasysh mëkatin, drejtësinë dhe gjykimin. Ata do ta pranojnë dhe do të rrëfejnë se janë mëkatarë (Gjoni 16:8-11).

Ata janë shembull i atyre njerëzve që nuk e dinë se çfarë është mëkati dhe që ta braktisin mëkatin dhe të keqen si dhe të marrin përgjigje nga Perëndia, në fillim ata duhet të dinë se çfarë përbën mëkat në sytë e Tij. Për shkak se të gjitha sëmundjet vijnë nga mëkati, vetëm pasi të shohësh prapa dhe të shkatërrosh murin e mëkatit mund të përjetosh veprën e shërimit.

Le të shiqojmë se çfarë ka dashur Bibla të na thotë për mëkatin dhe si mund të shkatërrojmë murin e mëkatit.

1) Duhet të pendohesh që nuk ke besuar në Perëndinë dhe nuk ke pranuar Jezus Krishtin.

Bibla na thotë se mosbesimi në Perëndinë dhe mospranimi i Jezus Krishtit si Shpëtimtari ynë përbën mëkat (Gjoni 16:9). Shumë jobesimtarë thonë se jetojnë mirë, por në të vërtetë ata nuk mund ta njohin vetveten pasi nuk e njohin Fjalën e Vërtetë – dritën e Zotit – dhe janë të paaftë të dallojnë të drejtën nga e gabuara.

Edhe nëse dikush është i sigurtë se ka një jetë të mirë, kur jeta e tij është kundër së vërtetës, e cila është Fjala e të plotfuqishmit Perëndi, i cili krijoi çdo gjë në univers dhe kontrollon jetën, vdekjen, mallkimin dhe bekimin, do të gjejë shumë padrejtësi dhe të pavërteta. Kjo është arsyeja pse Bibla na thotë, *„Nuk ka asnjë të drejtë, as edhe një"* (Romakëve 3:10), dhe *„Sepse asnjë mish nuk do të shfajësohet para tij për veprat e ligjit; me* *anë të ligjit në fakt arrihet njohja e mëkatit"* (Romakëve 3:20). Kur pranon Jezus Krishtin dhe bëhesh fëmijë i Perëndisë pasi pendohesh që nuk ke besuar në Zotin dhe nuk e ke pranuar Jezus Krishtin, Perëndia i plotfuqishëm do të bëhet Ati yt dhe ti do të marrësh përgjigje për sëmundjet që ke.

2) Duhet të pendohesh që nuk i ke dashur vëllezërit e motrat.

Bibla na thotë, *"Shumë të dashur, në qoftë se Perëndia na ka dashur në këtë mënyrë; edhe ne duhet ta duam njeri-tjetrin"* (1 Gjoni 4:11). Kjo na kujton që ne ti duam armiqtë tanë (Mateu 5:44). Nëse ne i urrejmë vëllezërit tanë, nuk po i bindemi Fjalës së Perëndisë dhe po mëkatojmë.

Jezusi duhej ta shfaqte dashurinë e Tij për të gjithë ata që strehoheshin në mëkat dhe në të keqen duke u kryqëzuar në kryq, ndërsa ne kemi për detyrë t'i duam prindërit tanë, fëmijët dhe vëllezërit e motrat. Nuk është e drejtë në sytë e Perëndisë që të urrejmë dhe të mos jemi të aftë të falim për shkak të ndjenjave të pakëndshme dhe keqkuptimeve për njeri-tjetrin.

Te Mateu 18:23-35, Jezusi na jep alegorinë e mëposhtme:

Prandaj mbretëria e qiejve i ngjan një mbreti që deshi të bënte llogaritë me shërbëtorët e vet. Mbasi filloi t'i bëjë llogaritë, i sollën një që i detyrohej dhjetë mijë talenta. Dhe, duke qenë se ky nuk kishte të paguante, zotëria e tij urdhëroi që të shitej ai me gruan e tij, bijtë e tij dhe gjithë ç'kishte, dhe të shlyejë detyrimin. Atëherë ai shërbëtor i ra ndër këmbë e i lutej duke thënë: „Zot, ki durim me mua dhe unë do t'i paguaj të gjitha". I shtyrë nga dhembshuria, zotëria e atij shërbëtori e la të lirë atë dhe ia fali detyrimin. Por ai shërbëtor, si doli, takoi një nga shërbëtorët e tjerë, që i detyrohej njëqind denarë; dhe, mbasi e zuri për fyti, po e mbyste duke thënë: „Më paguaj detyrimin që më ke". Atëherë shërbëtori shok i tij, i ra ndër këmbë dhe iu lut duke thënë: „Ki durim me mua, dhe do t'i paguaj të gjitha". Por ai nuk deshi, madje shkoi dhe e futi në burg deri sa ai ta shlyente detyrimin. Por shërbëtorët e tjerë, kur e panë ngjarjen, u pikëlluan shumë dhe shkuan e i thanë zotërisë së tyre gjithçka që kishte ndodhur. Atëherë zotëria e tij e thirri dhe i tha: „Shërbëtor i lig, unë ta fala gjithë këtë detyrim, sepse m'u lute. A nuk duhej të kishe mëshirë edhe ti për shokun tënd, ashtu si pata mëshirë unë për ty?" Dhe zotëria i tij, i zemëruar, ua dorëzoi torturuesve deri sa të paguante gjithë detyrimin. Kështu do të veprojë me ju edhe Ati im qiellor, në qoftë se secili prej jush nuk e fal me gjithë zemër vëllanë e vet për fajet e tij.

Edhe nëse kemi marrë falje dhe hir nga Ati ynë Perëndi, a jemi të aftë dhe të gatshëm që të përqafojmë gabimet dhe të metat e vëllezërve tanë, apo më mirë t'i bëjmë armiq duke mos duruar dhe provokuar njëri-tjetrin?

Perëndia na thotë, *"Kushdo që urren vëllanë e vet është vrasës; dhe ju e dini se asnjë vrasës nuk ka jetë të përjetshme të qëndrueshme në vete"* (1 Gjoni 3:15), *"Kështu do të veprojë me ju edhe Ati im qiellor, në qoftë se secili prej jush nuk e fal me gjithë zemër vëllanë e vet për fajet e tij"* (Mateu 18:35), dhe na nxit duke thënë, *"Mos u ankoni nga njeri tjetri, vëllezër, që të mos dënoheni; ja, gjykatësi është te dera"* (Jakobi 5:9).

Duhet të kuptojmë se nëse nuk i duam, por i urrejmë vëllezërit tanë, kemi mëkatuar dhe nuk jemi mbushur me Frymën e Shenjtë. Për më tepër, nëse vëllezërit tanë na urrejnë, ne nuk duhet t'i urrejmë si këmbim, por më mirë ta mbrojmë zemrën tonë me të vërtetën, t'i kuptojmë dhe falim ata. Zemra jonë duhet të jetë e gatshme për të ofruar lutje dashurie për vëllezër dhe motra të tillë. Kur ne kuptojmë, falim dhe duam njëri-tjetrin me ndihmën e Frymës së Shenjtë, Perëndia do na tregojë mirësi dhe mëshirë si dhe do na shfaqë veprat e shërimit.

3) Duhet të pendohesh nëse je lutur me lakmi.

Kur Jezusi shëroi një djalë të pushtuar nga një shpirt, dishepulli i Tij e pyeti, *"Përse ne nuk mundëm ta dëbojmë?"* (Marku 9:28) Jezusi u përgjigj, *"Ky lloj frymërash nuk mund të dëbohet ndryshe, përveç, se me lutje dhe agjërim"* (Marku 9:29).

Që ne të marrim shërim të sigurt duhet të ofrojmë lutje. Lutjet për interes të vet nuk do të marrin përgjigje pasi nuk e kënaqin Perëndinë. Ai na ka urdhëruar, *"Pra, nëse hani, nëse pini, nëse bëni ndonjë gjë tjetër, të gjitha t'i bëni për lavdinë e Perëndisë"* (1 Korintasve 10:31). Për më tepër, arsyeja e studimeve tona dhe arritja e famës ose fuqisë është vetëm nga lavdia e Perëndisë. Ne lexojmë te Jakobi 4:2-3, *„Ju lakmoni dhe nuk keni, ju vrisni dhe keni smirë dhe nuk fitoni gjë; ju ziheni dhe luftoni, por nuk keni, sepse nuk kërkoni. Ju kërkoni dhe nuk merrni, sepse kërkoni keqas që të shpenzoni për kënaqësitë tuaja".*

Të kërkosh shërimin për ta mbajtur trupin të shëndetshëm është diçka për lavdinë e Perëndisë; do të marrësh përgjigje kur e kërkon. Por nëse nuk merr shërim kur e kërkon do të thotë se po kërkon diçka që nuk është sipas së vërtetës, megjithëse, Perëndia shumë herë dëshiron të të japë gjëra të mrekullueshme.

Por cilat lloje lutjesh e kënaqin Perëndinë? Jezusi te Mateu 6:33 na thotë, *„Por para së gjithash kërkoni mbretërinë e Perëndisë dhe drejtësinë e tij dhe të gjitha këto gjëra do t'ju shtohen".* Në vend që të shqetësohemi për ushqimet, veshjet dhe gjëra të tilla, në fillim duhet t'i pëlqejmë Perëndisë duke i ofruar lutje për mbretërinë dhe drejtësinë e Tij, për ungjillëzimin dhe shenjtërimin. Vetëm atëherë Ai do t'u përgjigjet dëshirave të zemrës dhe do të na japë shërim të plotë për të gjitha sëmundjet.

4) Duhet të pendohesh nëse je lutur me dyshim.

Perëndia kënaqet me lutjet që tregojnë besimin e dikujt. Këtë gjë e gjejmë tek Hebrenjve 11:6, *„Edhe pa besim është e pamundur t'i pëlqesh Atij, sepse ai që i afrohet Perëndisë duhet të besojë se Perëndia është, dhe se është shpërblenjësi i atyre që e kërkojnë atë".* Për të njëjtën gjë, Jakobi 1:6-7 na kujton, *„Por le ta kërkojë me besim, pa dyshuar, sepse ai që* *dyshon i ngjan valës së detit, të cilën e ngre dhe e përplas era. Dhe ky njeri të mos pandehë se do të marrë diçka nga Zoti".*

Lutjet e ofruara me dyshim tregojnë që personi nuk ka besim te Perëndia i plotfuqishëm, e çnderon fuqinë e Tij dhe e kthen atë në një Perëndi të pafuqishëm. Në fillim duhet të pendohesh, t'u ngjash paraardhësve të besimit dhe të lutesh me zell e zjarr për të pasur besim nëpërmjet asaj që beson në zemër.

Shumë herë, në Bibël, ne shohim se Jezusi i deshi ata që kishin besim të madh, i zgjodhi si punëtorët e Tij dhe i kreu shërbesat e Tij me ta. Kur njerëzit nuk ishin të aftë të tregonin besimin e tyre, Jezusi i qortoi dishepujt e Tij për besimin e tyre të vogël (Mateu 8:23-27), por i deshi ata me besim të madh edhe pse ata ishin johebrenj (Mateu 8:10).

Si duhet të lutesh dhe ç'lloj besimi ke?

Një centurion te Mateu 8:5-13 shkoi te Jezusi dhe i kërkoi të shëronte një nga shërbyesit e tij që rrinte në shtëpi i paralizuar dhe vuante shumë. Kur Jezusi i tha centurionit, *"Do të vij dhe do ta shëroj,"* (v. 7) centurioni iu përgjigj, *"Zot, unë nuk jam i denjë që ti të hysh nën strehën time; por thuaj vetëm një fjalë dhe shërbëtori im do të shërohet,"* (v. 8) dhe i tregoi Jezusit besimin e tij të madh. Sapo dëgjoi fjalët e centurionit Jezusi u kënaq dhe e përgëzoi. *"Askund në Izrael nuk e gjeta një besim aq të madh"* (v. 10). Shërbyesi i centurionit u shërua brenda orës.

Te Marku 5:21-43 jepet një vepër e mrekullueshme shërimi. Kur Jezusi po rrinte pranë detit, një sundimtar i sinagogës i quajtur Jairus shkon tek Ai dhe ulet në këmbët e Tij. Jairusi i tregon Jezusit, *"Ime bijë është duke dhënë shpirt; eja, vëri duart mbi të që të shërohet dhe të jetojë ".*

Ndërsa Jezusi po shkonte me Jairusin, një grua që vuante nga hemorragjia për 20 vjet shkoi tek Ai. Ajo kishte qenë nën kujdesin e shumë doktorëve dhe kishte harxhuar çdo gjë që kishte, por në vend që të përmirësohej ajo përkeqësohej.

Gruaja kishte dëgjuar për Jezusin dhe në mes të turmës teksa po e ndiqte Atë, ajo i shkoi nga pas dhe i preku mantelin. Ajo besonte se, *„Nëse vetëm ia prek rroben e tij, do të shërohem"* (v. 28). Kur gruaja ia preku mantelin Jezusit, menjëherë i ndaloi hemorragjia dhe ndjeu se në trupin e saj u shëruan sëmundjet.

Menjëherë Jezusi, duke ndjerë se fuqia që buronte prej Tij doli jashtë, u kthye nga turma dhe tha, *„Kush e preku mantelin tim?"* (v. 30). Kur gruaja rrëfeu të vërtetën, Ai i tha asaj, *„Bijë, besimi yt të shëroi; shko në paqe dhe ji e shëruar nga sëmundja jote"* (v. 34). Ai i dha shpëtim dhe e bekoi me shërim.

Në atë kohë, njerëzit nga shtëpia e Jairusit erdhën dhe raportuan, *„Vajza jote vdiq"* (v. 35). Jezusi e siguroi Jairusin duke i thënë, *„Mos ki frikë; vetëm beso"* (v. 36) dhe vazhduan drejt shtëpisë së Jairusit. Atje, Jezusi u tha njerëzve, *„Fëmija nuk ka vdekur, por po fle"* (v. 39) dhe i tha vajzës, *„Talitha koum!"* (që do të thotë, *„vajzë e vogël, të thashë ngrihu!")* (v. 41). Vajza u ngrit menjëherë dhe filloi të ecë.

Beso se kur kërkon me besim, sado e rëndë të jetë sëmundja ajo mund të shërohet dhe vdekja mund të kthehet në jetë. Nëse deri tani je lutur me dyshim, merr shërimin dhe bëhu i fortë duke u penduar nga ky mëkat.

5) Duhet të pendohesh që nuk u je bindur urdhëresave të Perëndisë.

Te Gjoni 14:21, Jezusi na thotë, "*Kush ka urdhërimet e mia dhe i zbaton, është ai që më do; dhe kush më do mua, Ati im do ta dojë; dhe unë do ta dua dhe do t'i dëftehem atij*". Te 1 Gjoni 3:21-22 na kujtohet gjithashtu, "*Shumë të dashur, nëse zemra jonë nuk na dënon, kemi siguri para Perëndisë; dhe ç'të kërkojmë, e marrim nga ai, sepse zbatojmë urdhërimet e tij dhe bëjmë gjërat që janë të pëlqyera prej tij*". Një mëkatar nuk mund të ketë besim te Perëndia. Nëse zemra jonë është e ndershme dhe e patëmetë krahasuar me fjalën e së vërtetës, me guxim mund t'i kërkojmë çdo gjë Perëndisë.

Për më tepër, si një besimtar i Perëndisë, duhet t'i mësosh dhe kuptosh Dhjetë Urdhëresat, të cilat shërbejnë si një përmbledhje e gjashtëdhjetë e gjashtë librave të Biblës dhe zbulojnë se sa shumë nga jeta jote ka qenë në kundërshtim me to.

I. A kam pasur në zemrën time zota të tjerë përpara Perëndisë?

II. A i kam kthyer në idhuj dhe i kam adhuruar, pronën, fëmijët, shëndetin, biznesin e të tjera?

III. A e kam keqpërdorur emrin e Perëndisë ndonjëherë?

IV. A e kam mbajtur të shenjtë gjithmonë ditën e Shabatit?

V. A i kam nderuar gjithmonë prindërit e mi?

VI. A kam kryer vrasje fizike apo vrasje shpirtërore duke i urryer vëllezërit dhe motrat apo duke i bërë ata të mëkatojnë?

VII. A kam kryer ndonjëherë tradhëti bashkëshortore, madje edhe në zemër?

VIII. A kam vjedhur ndonjëherë?

IX. A kam dhënë ndonjëherë dëshmi të rreme kundër fqinjit?

X. A e kam lakmuar ndonjëherë pronën e fqinjit?

Veç kësaj, duhet të kthesh kokën pas e të shohësh nëse u je bindur urdhëresave të Perëndisë duke e dashur fqinjin tënd siç e do veten. Kur u bindesh urdhëresave, Perëndia i plotfuqishëm do të shërojë çdo sëmundje tënde.

6) Duhet të pendohesh që nuk ke mbjellë në Perëndinë.

Duke qenë se Perëndia kontrollon gjithçka në univers, Ai ka themeluar një numër të caktuar ligjesh për mbretërinë shpirtërore, dhe si gjykues i drejtë Ai drejton gjithçka.

Te Danieli 6, mbreti Darius u vendos në një pozicion të vështirë ku nuk mundi të shpëtonte shërbyesin e tij të dashur Daniel nga strofka e luanëve, edhe pse ishte mbret. Edhe pse ishte ai që e kishte dekretuar atë ligj, Dariusi nuk mund të mos i bindej ligjit. Nëse mbreti do të ishte i pari që nuk do të thyente parimin dhe nuk do t'i bindej ligjit, kush do t'ia vinte veshin dhe do t'i shërbente? Kjo është arsyeja që edhe pse shërbyesi i tij i dashur Daniel do të hidhej në strofkën e luanëve sipas planit të njerëzve të ligj, Dariusi nuk mund të bënte asgjë.

Në të njëjtën mënyrë, Perëndia nuk i shkel rregullat dhe nuk e shkel ligjin që Ai vetë ka vendosur, çdo gjë në univers drejtohet sipas një rregulli të saktë nën sovranitetin e tij. Kjo është arsyeja pse, *„Ai që merr mësim në fjalën, le ta bëjë pjesëtar të të gjitha të mirave të tij atë që e mëson"* (Galatasve 6:7).

Nëse mbjell shumë lutje, do të marrësh përgjigje dhe do të rritesh shpirtërisht, fryma jote e brendshme do të forcohet dhe shpirti yt do të përtërihet. Nëse ke qenë sëmurë, por tani e mbjell kohën tënde në dashurinë për Perëndinë duke marrë pjesë me zell në shërbesat e adhurimet, atëherë do të marrësh bekimin e shërimit dhe padyshim do të ndiesh trupin tënd të ndryshojë. Nëse mbjell pasuri për Perëndinë, Ai do të të mbrojë dhe ruajë nga sprovat si dhe do të të japë bekimin për pasuri më të madhe.

Duke kuptuar se sa e rëndësishme është të mbjellësh për Perëndinë, kur humbet shpresat për këtë botë që është duke u shkatërruar dhe vdekur, më mirë fillo të grumbullosh shpërblime për në qiell në besimin e vërtetë, Perëndia i gjithëpushtetshëm do të të drejtojë gjithë kohës drejt një jete të shëndetshme.

Me Fjalën e Perëndisë, deri tani kemi parë se çfarë është

pengesë mes Perëndisë dhe njeriut, dhe pse jetojmë në vuajtjen e sëmundjes. Nëse nuk beson në Perëndinë dhe po vuan nga sëmundjet, prano Jezusin si Shpëtimtarin tënd dhe fillo një jetë si i krishterë. Mos i ki frikë ata që mund të të vrasin trupin. Më mirë të kesh frikë nga Ai që mund të të ndëshkojë trupin dhe shpirtin në ferr, ruaju përmes besimit tënd në Perëndinë e shpëtimit nga persekutimi i prindërve të tu, motrave dhe vëllezërve, bashkëshortit, vjehrrit dhe vjehrrës dhe njerëzve të tjerë. Kur Perëndia pranon besimin tënd, Ai do të punojë dhe ti mund të marrësh hirin e shërimit.

Nëse je besimtar, por vuan nga ndonjë sëmundje, hidh vështrimin pas te vetja jote dhe shiko nëse ka ndonjë mbeturinë të së ligës, si për shembull urrejtje, xhelozi, zili, padrejtësi, fëlliqësi, babëzi, motiv i keq, vrasje, konflikt, thashetheme, shpifje, krenari dhe gjëra të tilla. Duke iu lutur Perëndisë merr falje dhe mëshirë prej Tij, por gjithashtu merr edhe përgjigjen për problemin e sëmundjes tënde.

Shumë njerëz përpiqen të bëjnë marrëveshje me Zotin. Ata thonë se nëse Ai në fillim do t'u shëronte të gjitha sëmundjet, atëherë ata do të fillonin të besonin në Jezusin. Ngaqë Perëndia e njeh thellësinë e zemrës së gjithsecilit, vetëm pas pastrimit shpirtëror Ai do t'i shërojë ata dhe sëmundjet e tyre fizike.

Duke e kuptuar se sa të ndryshme janë mendimet e njeriut nga ato të Zotit, lutem në emrin e Tij që t'i bindesh vullnetit të Perëndisë që shpirti yt të ndihet mirë dhe që të marrësh bekimet e shërimit nga sëmundjet!

Kapitulli 3

Perëndia Shëruesi

Në qoftë se ti dëgjon
me vëmendje zërin e Zotit, Perëndisë tënd,
dhe bën atë që është e drejtë në sytë
e tij dhe dëgjon urdhërimet
e tij dhe respekton tërë ligjet e tij,
unë nuk do të jap asnjë nga ato sëmundje që
u kam dhënë Egjiptasve,
sepse unë jam Zoti që të shëron.

Eksodi 15:26

1. Pse sëmuret njeriu?

Edhe pse Perëndia Shëruesi dëshiron që fëmijët e Tij të jetojnë jetë të shëndetshme, shumë prej tyre janë duke vuajtur nga dhimbja e sëmundjes, të paaftë për të zgjidhur problemin e sëmundjes. Ashtu siç ka një shkak për çdo pasojë, ashtu ka një shkak edhe për çdo sëmundje. Për disa sëmundje mund të gjendet shpejt kura sapo të përcaktohet shkaku. Të gjithë ata që shpresojnë shërim duhet në fillim të gjejnë shkakun e sëmundjes së tyre. Me Fjalën e Perëndisë nga Eksodi 15:26, do të kërkojmë shkakun e sëmundjes dhe mënyrat se si mund të lirohemi prej saj dhe të jetojmë të shëndetshëm.

„Perëndia" është emri që përcakton Zotin dhe që përfaqëson „UNË JAM AI QË JAM" (Eksodi 3:14). Emri gjithashtu tregon se të gjitha qeniet e tjera janë të nënshtruara ndaj autoritetit të Perëndisë. Nga mënyra se si Zoti i referohet Vetvetes, „Perëndia që të shëron" (Eksodi 15:26), ne mësojmë për dashurinë dhe për fuqinë e Tij që na çliron nga agonia e sëmundjeve.

Te Eksodi 15:26, Perëndia na premton, *„Në qoftë se ti dëgjon me vëmendje zërin e Zotit, Perëndisë tënd, dhe bën atë që është e drejtë në sytë e tij dhe dëgjon urdhërimet e tij dhe respekton tërë ligjet e tij, unë nuk do të jap asnjë nga ato sëmundje që u kam dhënë Egjiptasve, sepse unë jam Zoti që të shëron".* Pra, nëse sëmuresh, kjo shërben si provë se ti nuk e ke dëgjuar me kujdes zërin e Tij, nuk ke bërë atë që është e drejtë në sytë e Tij dhe nuk u ke kushtuar vëmendje urdhëresave të Tij.

Sepse fëmijët e Perëndisë janë qytetarë të qiellit edhe ata duhet të jetojnë sipas ligjeve të qiellit. Nëse ata nuk u binden atyre ligjeve, Perëndia nuk mund t'i mbrojë pasi shkelja e ligjit përbën mëkat (1 Gjoni 3:4). Më pas, forca e sëmundjes do të depërtojë, duke i lënë fëmijët e pabindur nën ankthin e sëmundjes.

Le të analizojmë në detaj mënyrat se si mund të sëmuremi, shkakun e sëmundjes dhe si mund të shërojë fuqia e Perëndisë Shëruesi.

2. Rast në të cilin dikush sëmuret si rezultat i mëkatit

Nëpërmjet Biblës, Perëndia na thotë vazhdimisht se arsyeja e sëmundjeve është mëkati. Te Gjoni 5:14 lexojmë, *„Më vonë Jezusi e gjeti në tempull dhe i tha: 'Ja, ti u shërove; mos mëkato më që të mos të të bëhet një gjë më e keqe.'"* Ky varg na kujton se nëse dikush bën mëkat, ai mund të sëmuret nga një sëmundje më e rëndë se ajo që kishte më parë.

Te Ligji i Përtërirë 7:12-15, Perëndia na ka premtuar se *„Kështu, në rast se ju keni parasysh këto ligje, i respektoni dhe i zbatoni në praktikë, Zoti, Perëndia juaj, do ta mbajë besëlidhjen me ju dhe dashamirësinë për të cilën u është betuar etërve tuaj. Ai do të të dojë, do të të bekojë dhe do të të shumëzojë, do të bekojë frytin e gjiut tënd dhe frytin e tokës sate, grurin tënd, mushtin dhe vajin tënd, pjelljet e lopëve dhe të deleve të tua në vendin që u betua t'u japë etërve të tu. Ti do të jesh më i bekuari i të gjithë popujve dhe nuk do të ketë midis teje asnjë burrë apo grua shterpë, as edhe midis bagëtisë* *sate. Zoti do të largojë nga ti çfarëdo lloj sëmundje, nuk do të dërgojë mbi ty asnjë të keqe vdekjeprurëse të Egjiptit që ke njohur, por do t'i dërgojë mbi të gjithë ata që të urrejnë,"* dhe mbi persona të tillë do të vijnë sëmundjet.

Te Ligji i Përtërirë 28, zakonisht i njohur si *"Kapitulli i Bekimeve"*, Perëndia na tregon se cilat janë llojet e bekimeve që ne marrim kur i bindemi plotësisht Atij dhe kur i ndjekim me kujdes urdhëresat e Tij. Ai gjithashtu na tregon llojet e mallkimeve që na bien nëse nuk i ndjekim me kujdes urdhëresat dhe dekretet e Tij.

Në detaje janë përmendur veçanërisht llojet e fatkeqësive që na prekin nëse nuk i bindemi Perëndisë. Ato janë murtaja, sëmundja gërryese, ethet, pezmatimi, zhege dhe thatësira, urthi dhe myku, tumoret, pezmatimet e qelbëzuara dhe zgjebja, nga të cilat ne nuk mund të kurohemi; poashtu, çmenduria, verbëria, çrregullimi mendor që nuk mund t'i shpëtojë asnjë dhe shqetësimet te gjunjët dhe këmbët me flluska të dhimbshme që nuk mund të shërohen, përhapja nga shputa e këmbës deri në majë të kokës (Ligji i Përtërirë 28:21-35).

Duke e ditur mirë se shkaku i sëmundjes është mëkati, nëse je sëmurë duhet të pendohesh që nuk ke jetuar sipas Fjalës së Perëndisë dhe pastaj do të marrësh falje. Sapo të marrësh shërimin pasi ke jetuar sipas Fjalës, nuk duhet të mëkatosh përsëri.

3. Një rast kur dikush sëmuret megjithëse ai mendon se nuk ka mëkatuar

Disa njerëz thonë se edhe pse nuk kanë mëkatuar, prapë janë sëmurur. Fjala e Perëndisë na thotë se nëse veprojmë ashtu siç është mirë në sytë e Tij, nëse u kushtojmë vëmendje urdhëresave dhe dekreteve të Tij, atëherë Perëndia nuk do të na infektojë me asnjë sëmundje. Nëse jemi sëmurur, duhet të vërtetojmë se gjatë rrugës nuk kemi vepruar ashtu siç është e drejtë së sytë e Tij dhe nuk kemi zbatuar dekretet e Tij.

Pra, a është mëkati shkaku i sëmundjes?

Nëse dikush e përdor trupin e shëndetshëm që i ka dhënë Perëndia pa vetëkontroll ose pa moral, nuk u bindet urdhëresave të Tij, bën gabime apo bën jetë të çrregullt, ai e çon veten drejt rrezikut të sëmundjes. Kësaj kategorie sëmundjesh i përkasin gjithashtu çrregullimi i madh gastroenterit ose mënyra e keqe e ushqyerjes, sëmundje mëlçie nga pirja e duhanit dhe alkooli dhe shumë lloje të tjera sëmundjesh nga puna e tepërt.

Ky mund të mos jetë mëkat nga pikëvështrimi i njeriut, por në sytë e Perëndisë ai është mëkat. Ngrënia e tepërt është mëkat pasi tregon babëzinë e dikujt dhe paaftësinë për të shfaqur vetëkontroll. Nëse dikush sëmuret nga një mënyrë e keqe ushqyerje, mëkati i tij është që nuk ka ndjekur oraret e të ngrënit të vakteve, por ka abuzuar me trupin e tij pa kontroll. Nëse dikush sëmuret pas konsumimit të ushqimeve që nuk janë të bëra mirë, mëkati i tij është padurimi – nuk ka vepruar sipas së vërtetës.

Nëse dikush përdor një thikë pa kujdes dhe pret veten dhe plaga i qelbëzohet, ky vjen si shkak i një mëkati. Nëse do ta kishte dashur me të vërtetë Perëndinë, Ai do ta kishte mbrojtur personin në momentin e incidentit. Edhe nëse ka bërë një gabim, Perëndia do ta kishte gjetur një rrugëdalje dhe ngaqë Ai punon për njerëzit e mirë që e duan Atë, trupi nuk duhet të shëmtohet. Plagët dhe dëmtimet mund të jenë shkaktuar ngaqë ai mund të ketë vepruar me ngut jo si një njeri me virtyte, të dyja nuk janë të drejta në sytë e Perëndisë, pra kjo gjë e bën atë mëkatar.

Të njëjtat rregulla aplikohen për pirjen e duhanit dhe alkoolit. Nëse dikush është i informuar se pirja e duhanit ndikon në mendjen e tij, i dëmton mushkëritë dhe shkakton kancer, por nuk është i aftë ta lërë dhe nëse dikush është i vetëdijshëm se alkooli i dëmton zorrët dhe i shkatërron organet e trupit, por nuk është i aftë ta lërë, këto janë vepra mëkati. Ajo gjë tregon paaftësinë për të kontrolluar vetveten dhe lakminë, mungesën e dashurisë për trupin e vet dhe mosndjekjen e vullnetit të Perëndisë. Si mund të mos jenë mëkate?

Edhe nëse nuk kemi qenë të sigurt se të gjitha sëmundjet janë si rezultat i mëkatit, tani mund të jemi të sigurt për këtë gjë pasi të kemi parë raste të ndryshme dhe t'i kemi matur me Fjalën e Perëndisë. Ne gjithmonë duhet të bindemi dhe duhet të jetojmë sipas Fjalës së Tij që të jemi të lirë nga sëmundjet. Me fjalë të tjera, kur ne veprojmë sipas asaj që është e drejtë në sytë e Tij, u kushtojmë vëmendje urdhëresave dhe dekreteve të Tij, Ai do të na mbrojë në çdo moment nga sëmundjet.

4. Sëmundjet e shkaktuara nga neurozat dhe çrregullime të tjera mendore

Statistikat na tregojnë se në krye janë ata njerëz që vuajnë nga neurozat dhe sëmundje të tjera mendore. Nëse njerëzit tregohen të durueshëm siç na udhëzon Fjala e Perëndisë dhe nëse falin, duan, dhe mendojnë sipas së vërtetës, ata mund të lirohen menjëherë nga sëmundjet. Përsëri ka akoma mbeturina të së ligës në zemrat e tyre dhe kjo e ligë i pengon ata të jetojnë sipas Fjalës. Ankthi mendor shkatërron pjesë të tjera të trupit dhe sistemin imunitar duke çuar në sëmundje. Kur ne jetojmë sipas Fjalës, emocionet tona nuk do të na trazohen, nuk do të bëhemi gjaknxehtë dhe mendja jonë nuk do të jetë e turbullt.

Këto janë ato rreth nesh të cilat nuk duken të liga, por të mira, megjithatë vuajmë nga këto lloje sëmundjesh. Sepse ata e kufizojnë vetveten nga çdo shprehje emocionesh, ata vuajnë nga një sëmundje më e rëndë sesa ata që e shfryjnë inatin. Mirësia në të vërtetën nuk është agonia nga konflikti midis emocioneve kundërshtuese; është më mirë që ta kuptojmë njëri-tjetrin duke falur, dashur dhe ngushëlluar me vetëkontroll dhe durim.

Kur njerëzit qëllimisht mëkatojnë, ata do të vuajnë nga ankthi i sëmundjeve mendore. Sepse ata nuk veprojnë me mirësi, por bien thellë në ligësi, vuajtjet e tyre mendore çojnë në sëmundje. Duhet të dimë se neurozat dhe sëmundje të tjera mendore janë shkaktuar vetë, kanë ardhur si pasojë e sjelljeve tona të pamenda dhe të liga. Edhe në raste të tilla, Perëndia i dashurisë i shëron ata që e kërkojnë Atë. Për më tepër, Ai u jep shpresë për parajsë dhe i lejon të jetojnë në lumturinë e vërtetë.

5. Edhe sëmundjet nga djalli janë për shkak të mëkatit

Disa njerëz janë pushtuar nga Satani dhe vuajnë çdo sëmundje që armiku djall u hedh përsipër. Kjo ndodh ngaqë ata e braktisën vullnetin e Perëndisë dhe u larguan nga e vërteta. Arsyeja pse ka një numër të madh njerëzish të sëmurë, të paaftë fizikisht, dhe të demonizuar në familjet që i kanë adhuruar idhujt me fanatizëm, është për shkak se Perëndia nuk e do adhurimin e idhujve.

Te Eksodi 20:5-6 gjejmë, *„Nuk do të përkulesh para tyre dhe as do t'i shërbesh, sepse unë, Zoti, Perëndia yt, jam një Perëndi xheloz që dënon padrejtësinë e etërve mbi fëmijve të tyre deri në brezin e tretë dhe të katërt të atyre që më urrejnë, dhe unë përdor dashamirësi për mijëra, për ata që më duan dhe që zbatojnë urdhërimet e mia".* Ai na dha një urdhër të veçantë duke na ndaluar që të adhurojmë idhuj. Nga Dhjetë Urdhëresat që Ai na dha, që të dy urdhëresat e para – *„Nuk do të kesh perëndi të tjerë para meje"* (v. 3) dhe *„Nuk do të bësh skulpturë ose shëmbëlltyrë të asnjë gjëje që ndodhet aty në qiejt ose këtu poshtë në tokë ose në ujërat nën tokës"* (v. 4) – ne mund të shohim lehtë se sa shumë Perëndia e urren adhurimin e idhujve.

Nëse prindërit nuk i binden vullnetit të Perëndisë dhe adhurojnë idhuj, fëmijët e tyre natyrisht që do ndjekin rrugën e tyre. Nëse prindërit nuk i binden Fjalës së Perëndisë dhe bëjnë të liga, fëmijët e tyre natyrisht që do ndjekin rrugën e tyre dhe do bëjnë të liga. Kur mëkati i mosbindjes përsëritet në brezin e tretë dhe të katërt, si pagë të mëkatit, pasardhësit e tyre do të vuajnë nga sëmundje me të cilat do t'i infektojë armiku djall.

Edhe nëse prindërit kanë adhuruar idhuj, por fëmijët e tyre, nga mirësia në zemër, kanë adhuruar Perëndinë, Ai do t'u shfaqë atyre dashurinë e Tij, do t'i mëshirojë dhe do t'i bekojë ata. Edhe nëse njerëzit janë duke vuajtur nga sëmundje që ua ka shkaktuar armiku djall pasi kanë braktisur vullnetin e Perëndisë dhe kanë humbur rrugën drejt së vërtetës, kur ata pendohen dhe ikin nga rruga e mëkatit, Perëndia Shëruesi do t'i pastrojë. Disa do t'i shërojë menjëherë, disa të tjerë pak më vonë, dhe disa të tjerë sipas rritjes së besimit të tyre. Puna e shërimit do të bëhet sipas vullnetit të Perëndisë; nëse njerëzit e kanë të pandryshueshme zemrën në sytë e Tij, ata do të shërohen menjëherë; por nëse zemra e tyre është dredharake, ata do të shërohen më vonë.

6. Do të çlirohemi nga sëmundja kur jetojmë me besim

Pasiqë Moisiu ishte më i përulët se qdo kush tjetër në tokë (Numrat 12:3) dhe ishte besnik në tërë shtëpitë e Perëndisë, ai konsiderohej një shërbyes i denjë i Perëndisë (Numrat 12:7). Bibla gjithashtu na tregon se kur Moisiu vdiq në moshën njëqind e njëzet vjeç, sytë e tij i kishte të fortë dhe as fuqitë nuk e kishin lënë (Ligji i Përtërirë 34:7). Duke qenë se Abrahami ishte njeri i plotësuar i cili me besim bindej dhe nderonte Perëndinë, ai jetoi deri në moshën 175 vjeçare (Zanafilla 25:7). Danieli ishte i shëndetshëm edhe pse hante vetëm perime (Danieli 1:12-16), ndërsa Gjon Pagëzori ishte i fortë edhe pse hante vetëm karkaleca dhe mjaltë të egër (Mateu 3:4).

Dikush mund të çuditet se si njerëzit mund të jenë të shëndetshëm duke mos konsumuar mish. Kur Perëndia krijoi njeriun, Ai i tha të hante vetëm fruta. Te Zanafilla 2:16-17 Perëndia i thotë njeriut, *„Ha bile lirisht nga çdo pemë e kopshtit; por mos ha nga pema e njohjes të së mirës dhe të së keqes, sepse ditën që do të hash prej saj ke për të vdekur me siguri"*. Pas mosbindjes së Adamit, Perëndia e lejoi të hante vetëm bimët e fushës (Zanafilla 3:18), dhe ndërsa mëkati vazhdonte të përhapej në botë, pas gjykimit të Përmbytjes, Perëndia i tha Noesë te Zanafilla 9:3, *„Çdo gjë që lëviz dhe ka jetë do t'ju shërbejë si ushqim; unë ju jap tërë këto gjëra; ju jap edhe barin e gjelbër"*. Ndërsa njerëzit po bëheshin gradualisht të ligj, Perëndia përsëri i lejoi që të hanin mish, por jo çdo ushqim „të shpifur" (Levitiku 11; Ligji i Përtërirë 14).

Në kohën e Testamentit të Ri, Perëndia na thotë te Veprat 15:29, *„hiqni dorë nga gjërat e flijiuara idhujve, nga gjaku, nga gjërat e mbytura dhe nga kurvëria; do të bëni mirë të ruheni nga këto"*. Ai na lejoi të hanim ushqim që na bën mirë për shëndetin dhe na këshilloi ta përmbanim veten ndaj ushqimeve që janë të dëmshme për ne; do të ishte më mirë për shëndetin tonë nëse nuk do pinim apo hanim ushqime që

Perëndia nuk i pëlqen. Sa më shumë ta ndjekim vullnetin e Tij dhe të jetojmë në besim, trupi ynë do të na forcohet, do të na largohen sëmundjet dhe nuk do të na zërë asnjë sëmundje.

Për më tepër, ne nuk do të sëmuremi po të jetojmë sipas së vërtetës me besim sepse dymijë vjet më parë, Jezus Krishti erdhi në këtë tokë dhe mbajti mbi veten të gjitha fajet tona. Ndërsa ne besojmë se Ai derdhi gjakun e Tij, Jezusi na shpengon nga mëkatet tona duke na pastruar dhe duke na marrë me vete të ligat tona (Mateu 8:17). Ne do të shërohemi dhe kjo do të bëhet sipas besimit tonë (Isaia 53:5-6; 1 Pjetri 2:24).

Përpara se të takonim Perëndinë, ne nuk kishim besim. Jetonim në kërkim të dëshirave të natyrës sonë mëkatare dhe vuanim nga sëmundje të ndryshme si shkak i mëkatit. Nëse jetojmë në besim dhe veprojmë sipas së vërtetës do të bekohemi me shëndet fizik.

Nëse mendja është e shëndetshme edhe trupi do të jetë i shëndetshëm. Nëse veprojmë me drejtësi dhe sipas Fjalës së Perëndisë, trupi do të na mbushet me Frymën e Shenjtë. Sëmundjet do të na largohen dhe ndërsa trupi merr shërim fizik, asnjë sëmundje nuk do të na infektojë. Që trupi ynë të jetë i qetë, të ndihet i lehtë, i kënaqur dhe i shëndetshëm, nuk do të kemi nevojë për gjë, por vetëm të falënderojmë Perëndinë që na dha shëndet.

Dëshiroj që të veprosh në drejtësi dhe besim në mënyrë që shpirti yt të ndihet mirë, që ti të shërohesh nga sëmundjet dhe të kesh shëndet të mirë! Në emër të Perëndisë sonë lutem që ti të përjetosh gjithashtu shumë dashuri nga Zoti duke iu bindur dhe duke jetuar sipas Fjalës së Tij!

Kapitulli 4

Për Shkak të Vurratave të Tij Ne Jemi Shëruar

Megjithatë ai mbante sëmundjet tona
dhe kishte marrë përsipër dhembjet tona;
por ne e konsideronim të goditur,
të rrahur nga Perëndia dhe të përulur.
Por ai u tejshpua për shkak të shkeljeve tona,
u shtyp për paudhësitë tona;
ndëshkimi për të cilin kemi paqen është mbi të,
dhe për shkak të vurratave të tij ne jemi shëruar.

Isaia 53:4-5

1. Jezusi si Biri i Perëndisë shëroi çdo sëmundje

Ndërsa njerëzit ecin përgjatë rrugës së jetës së tyre hasin lloje të ndryshme problemesh. Ashtu si deti që nuk është gjithnjë i qetë, në detin e jetës ka shumë probleme që e kanë prejardhjen nga shtëpia, puna, biznesi, fatkeqësitë, pasuria dhe gjëra të tilla. Nuk do të ekzagjeronim nëse do të thoshim se mes shqetësimeve në jetë më të rëndat janë sëmundjet.

Pavarësisht madhësisë së pasurisë dhe njohurisë që dikush mund të ketë, nëse preket nga ndonjë sëmundje e rëndë çdo gjë për të cilat ai ka punuar në jetë nuk janë asgjë, veçse një flluskë sapuni. Nga njëra anë, shohim se me përparimin e civilizimit material dhe rritjen e pasurisë rritet edhe dëshira e njeriut për shëndet. Nga ana tjetër, nuk ka rëndësi se sa kanë përparuar shkenca dhe mjekësia, lloje të reja dhe të veçanta sëmundjesh – përballë të cilave njohuritë e njeriut janë të pavlera – zbulohen vazhdimisht dhe numri i njerëzve që vuajnë rritet shpejt. Ndoshta kjo është arsyeja pse sot vihet theksi kaq fort te shëndeti.

Vuajtja, sëmundja dhe vdekja – të gjitha e kanë burimin te mëkati – shkurtojnë limitin e njeriut. Që në kohët e Testamentit të Vjetër, Perëndia Shëruesi na ka treguar se njerëzit që besojnë në Të mund të shërohen nga çdo sëmundje, nga besimi i tyre në Jezus Krishtin. Le të shqyrtojmë Biblën dhe të shohim pse marrim përgjigje ndaj problemit të sëmundjeve dhe pse ndjekim jetë të shëndetshme nga besimi ynë në Jezus Krishtin.

Kur Jezusi pyeti dishepujt e Tij, „Kush thoni ju se jam unë?" Pjetër Simoni iu përgjigj, „Ti je Krishti, Biri i Perëndisë së gjallë"

(Mateu 16:15-16). Kjo përgjigje duket e thjeshtë, por në fakt tregon se vetëm Jezusi është Krishti.

Gjatë kohës së Tij, një turmë e madhe ndoqi Jezusin ngaqë Ai i shëroi menjëherë ata që ishin të sëmurë. Ata përfshinin njerëzit e pushtuar nga demonët, epileptikët, paralitikët dhe shumë të tjerë që vuanin nga sëmundje të ndryshme. Kur lebrosët, njerëz me ethe, i gjymtuari, i verbëri, dhe pjesa tjetër u shërua nga prekja e Jezusit, ata filluan ta ndiqnin dhe t'i shërbenin Atij. Sa e mrekullueshme mund të ketë qenë kjo gjë? Duke dëshmuar mrekulli të tilla, njerëzit filluan të besonin dhe ta pranonin Jezusin. Ata morën përgjigje për problemet e tyre në jetë dhe të sëmurët përjetuan veprën e shërimit. Për më tepër, ashtu siç Jezusi shëroi njerëz në kohën e Tij, çdokush që vjen para Tij mund të marrë shërim edhe sot.

Një burrë që nuk ishte ndryshe nga një i paralizuar frekuentoi shërbimin e adhurimit të së premtes mbrëma menjëherë pas themelimit të kishës sime. Pas një aksidenti rrugor, burri bëri terapi për një kohë të gjatë në spital. Ngaqë tendinët në gjurin e tij i ishin zgjatur, nuk mund të përthyente dot gjunjët pasi pulpat nuk mund t'i lëvizte. Ndërsa dëgjonte Fjalën e Perëndisë që predikohej, ai donte shumë që të pranonte Jezusin dhe të shërohej. Kur u luta me zjarr për burrin, ai u ngrit menjëherë në këmbë dhe filloi të ecë e vrapojë. Ashtu si i paralizuari, burri pranë portës së tempullit të quajtur Bukuria, brofi në këmbë dhe filloi të ecë pas lutjes së Pjetrit (Veprat 3:1-10), u shfaq një vepër e mrekullueshme e Perëndisë.

Kjo shërben si provë se çdokush që beson në Jezus Krishtin

dhe merr falje në emër të Tij mund të shërohet tërësisht nga sëmundjet – edhe nëse nuk mund të shërohet nga mjekësia – dhe trupi i ripërtërihet. Perëndia që është njësoj si dje, sot, dhe përgjithmonë (Hebrenjtë 13:8) punon te njerëzit që besojnë në Fjalën e Tij dhe kërkojnë sipas masës së besimit të tyre. Ai shëron çdo lloj sëmundjeje, u hap sytë të verburve dhe e bën të paralizuarin të ngrihet në këmbë.

Të gjithë ata që e kanë pranuar Jezus Krishtin, janë falur për mëkatet e tyre, janë bërë fëmijë të Perëndisë dhe tani jetojnë një jetë në liri.

Le të shqyrtojmë me detaje pse çdokush prej nesh mund të jetojë një jetë të shëndetshme kur beson në Jezus Krishtin.

2. Jezusi u rrah dhe derdhi gjakun e Tij

Përpara kryqëzimit të Tij, Jezusi u rrah me kamxhik nga ushtarët romakë dhe derdhi gjakun e Tij në pallatin mbretëror të Ponc Pilatit. Ushtarët romakë ishin të fuqishëm, mjaft të fortë dhe të trajnuar mirë. Mbi të gjitha, ata ishin ushtarët e një mbretërie që drejtonte botën në atë kohë. Dhimbja e jashtëzakonshme që vuajti Jezusi kur këta ushtarë të fuqishëm e zhveshën dhe e rrahën nuk mund të përshkruhet me fjalë. Gjatë çdo fshikullimi, kamxhiku mbështillte trupin e Jezusit, i shkulte mishin dhe gjaku i Tij i dilte nga trupi.

Pse Jezusi, biri i Perëndisë që është i pamëkatë, i pafaj dhe i patëmetë duhej të fshikullohej rëndë dhe të derdhte gjakun e

Tij për ne mëkatarët? Thellë-thellë, kjo ngjarje, ka nënkuptimin shpirtëror të thellësisë dhe dashurisë së madhe të Perëndisë.

1 Pjetri 2:24 na thotë se nëpërmjet plagëve të Jezusit ne jemi shëruar. Te Isaia 53:5 lexojmë se nga fshikullimet e kamxhikut ne jemi shëruar. Para dymijëvjetësh, Jezusi, biri i Perëndisë, u fshikullua për të na shpëtuar neve nga agonia e sëmundjeve; gjaku që Ai derdhi ishte për mëkatin që ne nuk jetuam sipas Fjalës së Perëndisë. Nëse besojmë në Jezusin që u fshikullua dhe derdhi gjakun e Tij, ne do të lirohemi nga mëkati dhe sëmundjet. Kjo është shenjë e dashurisë dhe urtësisë së madhe të Perëndisë.

Nëse je duke vuajtur nga ndonjë sëmundje si fëmijë i Perëndisë, pendohu për mëkatet e tua dhe beso që të marrësh shërimin. Sepse *„Dhe besimi është siguria e gjërave që shpresohen, tregim i gjërave që nuk shihen"* (Hebrenjve 11:1), edhe nëse ndien dhimbje në pjesë të veçanta të trupit, nëpërmjet besimit mund të thuash, „Jam shëruar," dhe do shërohesh së shpejti.

Gjatë viteve të mia të shkollës, vrava një brinjë dhe me kalimin e kohës dhimbja po bëhej aq e padurueshme sa nuk mund të merrja frymë. Një apo dy vjet pasi pranova Jezus Krishtin, dhimbja u përsërit kur provova të ngrija një objekt të rëndë dhe nuk mund të bëja asnjë hap tjetër. Megjithatë, ngaqë besoja në fuqinë e Perëndisë së gjithëpushtetshëm, u luta me zjarr, „Kur të lëviz pasi jam lutur, besoj se dhimbja do të zhduket dhe do të ec". Ashtu siç besova në Perëndinë, dhimbja u zhduk, u ngrita dhe fillova të ec. Ishte sikur dhimbja ishte fryt i imagjinatës sime.

Ashtu siç Jezusi na tha te Marku 11:24, *„Prandaj po ju them:*

Të gjitha ato që ju kërkoni duke lutur, besoni se do t'i merrni dhe ju do t'i merrni," nëse besojmë se do të shërohemi, do të marrim shërim sipas besimit tonë. Por, nëse mendojmë se nuk do të shërohemi shpejt për shkak të dhimbjes së vazhdueshme, sëmundja nuk do të shërohet. Me fjalë të tjera, vetëm kur thyejmë kornizën e mendimeve tona, gjithçka do të bëhet sipas besimit tonë.

Ja përse Perëndia na thotë se nuk e do mendjen mëkatare (Romakëve 8:7), dhe na nxit që ta kontrollojmë çdo mendim dhe t'i bëjmë t'i binden Perëndisë (2 Korintasve 10:5). Për më tepër, te Mateu 8:17 shohim se Jezusi mori mbi vete paudhësitë tona dhe barti sëmundjet tona. Nëse mendon 'Jam i pafuqishëm" atëherë do të mbetesh i pafuqishëm. Nuk ka rëndësi se sa e vështirë dhe rraskapitëse mund të jetë jeta jote, nëse buzët e tua pohojnë, „Nuk jam i rraskapitur sepse kam brenda meje fuqinë dhe hirin e Perëndisë dhe Fryma e Shenjtë më udhëheq" rraskapitja do të zhduket dhe do të transformohesh në një njeri të fortë.

Nëse me të vërtetë besojmë në Jezus Krishtin i cili i mori me vete sëmundjet, ne duhet të kujtojmë se nuk ka asnjë arsye që të vuajmë nga sëmundjet.

3. Kur Jezusi pa besimin e tyre

Tani që jemi shëruar nga sëmundjet tona nga fshikullimi që mori Jezusi, ajo që ne kemi nevojë është besimi. Sot, shumë njerëz që nuk besuan në Jezus Krishtin shkojnë para Tij me sëmundjet e tyre. Disa njerëz kanë marrë shërimin pak pasi kanë pranuar Jezusin ndërsa të tjerë nuk kanë pasur përmirësim edhe pas disa muaj lutjesh. Ky grup njerëzish ka nevojë të shohë pas dhe të kontrollojë besimin e vet.

Me imazhin e paraqitur te Marku 2:1-12, le të shohim se si i paralizuari dhe katër shokët e tij, shtrënguan dorën shëruese të Zotit për ta liruar atë nga sëmundja dhe i dhanë lavdi Perëndisë.

Kur Jezusi vizitoi Kapernaumin, lajmi i ardhjes së Tij u përhap shpejt dhe u mblodh një turmë e madhe njerëzish. Jezusi predikoi Fjalën e Perëndisë – të vërtetën – dhe turma i kushtoi vëmendje, duke dashur të mos humbasë asnjë fjalë të Jezusit. Pikërisht në atë moment, katër burra sollën me vete të paralizuarin me një barelë, por për shkak të turmës së madhe, nuk arrinin dot ta çonin të paralizuarin pranë Jezusit.

Megjithatë, ata nuk u dorëzuan. E ngritën të paralizuarin në çatinë e shtëpisë ku po rrinte ulur Jezusi, bën një të çarë sipër Tij, e futën prej aty dhe e zbritën barelën ku rrinte shtrirë i paralizuari. Kur Jezusi pa besimin e tyre, i tha të paralizuarit, „Bir, mëkatet e tua janë falur …ngrihu, merre barelën dhe shko në shtëpi," dhe ai mori shërimin që e dëshironte aq shumë. Kur ai mori barelën dhe eci para të gjithëve që e shikonin, njerëzit u mahnitën dhe i dhanë lavdi Perëndisë.

I paralizuari vuante nga disa sëmundje të rënda nga të cilat nuk mund të ecte më. Kur ai dëgjoi lajme për Jezusin, që i hapi sytë të verbrit, ngriti në këmbë të paralizuarin, shëroi një lebros, dëboi demonët dhe shëroi disa të tjerë që vuanin nga lloje të ndryshme sëmundjesh, dëshiroi shumë që ta takonte Atë.

Pastaj një ditë, i paralizuari dëgjoi se Jezusi kishte ardhur në Kapernaum. A mund ta imagjinosh se sa i lumtur mund të jetë ndjerë kur e ka dëgjuar atë lajm? Duhet t'u ketë thënë shokëve të tij që ta ndihmonin, dhe fatmirësisht ata kishin besim, dhe pranuan menjëherë të ndihmonin shokun e tyre. Nëse shokët do ta kishin shpërfillur kërkesën e tij dhe nëse do të qeshnin me të duke thënë, „Si mund të besosh në të tilla gjëra kur nuk i ke parë vetë?" ata nuk do të ecnin mes turmës dhe as nuk do të shqetësoheshin për shokun e tyre. Por, ngaqë kishin besim, e çuan shokun e tyre me barelë dhe aq më tepër hapën një të çarë në çatinë e shtëpisë.

E imagjinon dot se sa në ankth dhe të dëshpëruar ishin kur ata panë turmën e madhe pasi kishin bërë një rrugë të vështirë, dhe nuk mund të çanin mes tyre për t'iu afruar Jezusit? Duhet t'u jenë lutur e përgjëruar për një të çarë të vogël. Për shkak të numrit të madhe të njerëzve që ishin grumbulluar, ata nuk panë asnjë të çarë dhe po dëshpëroheshin. Në fund, ata vendosën të hipnin mbi çatinë e shtëpisë ku po rrinte Jezusi, të bënin një të çarë në të, dhe ta zbrisnin shokun e tyre me barelë përballë Jezusin. I paralizuari e takoi Jezusin nga një distancë e vogël që asnjë tjetër nuk kishte mundur. Përmes kësaj historie, ne mund të mësojmë se me sa zjarr i paralizuari dhe shokët e tij shkuan para Jezusit.

Duhet t'i kushtojmë vëmendje faktit se i paralizuari dhe shokët e tij nuk e kishin të lehtë të shkonin para Jezusit. Fakti që ata çanë mes vështirësive për t'u takuar me Të vetëm pasi dëgjuan lajmet për Jezusin, na tregon se ata i besuan ato lajme dhe mesazhin që Ai përhapte. Duke i mposhtur vështirësitë, duke duruar, dhe duke iu afruar me forcë Jezusit, i paralizuari dhe shokët e tij treguan se sa të përulur ishin kur shkuan para Tij.

Kur njerëzit panë të paralizuarin dhe shokët e tij të hipnin mbi çati dhe të hapnin një të çarë në të, turma mund t'i ketë tallur apo të jetë zemëruar me ta. Ndoshta mund të ketë ndodhur diçka e tillë. Por, këtyre pesë njerëzve, asgjë dhe asnjë nuk mund t'i pengonte në rrugën e tyre. Pasi takoi Jezusin, i paralizuari u shërua dhe ata mund ta kenë riparuar apo mund të kenë dëmshpërblyer për dëmin e bërë në çati.

Midis shumë njerëzve që sot vuajnë nga sëmundje të rënda, është e vështirë që pacienti ose familja e tij të tregojnë besim. Në vend që të pranojnë Jezusin, ata thonë, „Jam shumë sëmurë. Dua të dal, por nuk mundem" ose „Filania në familjen time është shumë e dobët dhe nuk mund të lëvizë". Është rraskapitëse të shohësh njerëz të tillë pasiv të cilët vetëm presin që t'u ndodhë e mira vetë, pa u munduar fare. Këta njerëz, me fjalë të tjera, nuk kanë besim.

Nëse njerëzit deklarojnë besimin e tyre në Perëndinë, duhet të kenë gjithashtu edhe zell nëpërmjet të cilit të tregojnë besimin e tyre. Sepse dikush nuk mund të përjetojë veprat e Perëndisë nëpërmjet besimit që merret dhe ruhet vetëm si njohuri, por vetëm kur e tregon besimin me vepra atëherë besimi i tij bëhet një besim i gjallë dhe vetëm kështu mund të ndërtohet themeli i besimit për të marrë besimin frymëror që jep Perëndia. Ashtu si i paralizuari që mori shërimin e Perëndisë duke u mbështetur në besimin e tij, ne duhet të tregohemi të zgjuar dhe t'i tregojmë

Atij – besimi vetë – besimin tonë që të mund të bëjmë një jetë ku të marrim besimin frymëror të dhënë nga Perëndia dhe të përjetojmë mrekullitë e Tij.

4. Mëkatet të janë falur

Jezusi i thotë të paralizuarit, „Bir, mëkatet e tua janë falur," dhe i zgjidh problemin e mëkatit. Për atë që e ka të vështirë të marrë përgjigje kur mes tij dhe Perëndisë ndodhet një mur mëkatesh, Jezusi në fillim zgjidhi problemin e mëkatit për të paralizuarin, i cili erdhi tek ai me besim.

Nëse me të vërtetë i rrëfejmë besimin tonë Perëndisë, Bibla na tregon se me çfarë lloj qëndrimi duhet të shkojmë para Tij dhe se si duhet të veprojmë. Duke iu bindur urdhëresave si, „Ato që duhen bërë", „Ato që nuk duhen bërë", „Ato që duhen mbajtur", „Ato që duhen hedhur", dhe të tilla si këto, një njeri i padrejtë do të transformohet në një person të drejtë dhe një gënjeshtar në një njeri të drejtë e të ndershëm. Kur i bindemi Fjalës së të vërtetës, do të pastrohemi nga mëkatet tona nëpërmjet gjakut të Zotit tonë dhe kur të marrim falje, mbrojtja e Perëndisë dhe përgjigjet do të vijnë nga lart.

Sepse të gjitha sëmundjet e kanë rrënjët nga mëkati, pasi zgjidhet problemi i mëkatit, do të krijohet një gjendje në të cilën mund të manifestohet puna e Perëndisë. Ashtu siç ndizet llamba dhe vihet në punë makineria kur rryma elektrike futet në anodë dhe del në katodë, kur Perëndia sheh besimin e dikujt Ai i jep atij pafajësinë dhe i jep besim nga lart, duke prodhuar kështu një mrekulli.

„*Ngrihu, merr vigun tënd dhe shko në shtëpi*" (Marku 2:11). Sa ngushëlluese është kjo gjë? Duke parë besimin e të paralizuarit dhe të katër shokëve të tij, Jezusi zgjidhi problemin e mëkatit dhe i paralizuari u ngrit në këmbë menjëherë. Ai u shërua plotësisht pas aq shumë kohe që e dëshironte. Në të njëjtën mënyrë, nëse dëshirojmë të marrin përgjigje jo vetëm për sëmundjen, por edhe për problemet e tjera që kemi, duhet të kujtojmë se në fillim duhet të marrim falje dhe të pastrojmë zemrën tonë.

Kur njerëzit kishin besim të vogël, duhej të kërkonin zgjidhje për sëmundjet e tyre te mjekësia dhe fizikanët, por tani që besimi i tyre është rritur dhe duan Perëndinë duke jetuar sipas Fjalës së Tij, sëmundja nuk i prek më. Edhe nëse dikush sëmuret, kur kthen kokën pas, pendohet në thellësi të zemrës dhe ikën nga rruga e mëkatit, menjëherë do të marrë shërim. E di që disa prej jush kanë pasur eksperienca të tilla.

Para ca kohësh, një nga pleqtë e kishës sime u diagnostikua me një disk ndërvertebror të thyer dhe papritur nuk mund të lëvizte. Menjëherë, ai ktheu kokën pas në jetën e tij, u pendua dhe mori lutjet e mia. Vepra shëruese e Perëndisë ndodhi menjëherë dhe ai u bë mirë përsëri.

Kur vajza e tij vuante nga ethet, nëna e fëmijës e kuptoi që gjaknxehtësia e saj kishte qenë rrënja e vuajtjeve të fëmijës dhe kur ajo u pendua për këtë, fëmija u shërua.

Me qëllim që të shpëtonte ata njerëz që për shkak të mosbindjes së Adamit kishin qenë në rrugën e shkatërrimit,

Perëndia dërgoi Jezus Krishtin në botë dhe e lejoi të gjykohej dhe kryqëzohej për ne në një kryq druri. Ja pse Bibla thotë, *„Pa derdhjen e gjakut nuk ka falje,"* (Hebrenjve 9:22) dhe *„I mallkuar është kushdo që varet në një pemë"* (Galatasve 3:13).

Tani që e dimë se problemi i mëkateve i ka rrënjët te mëkati, duhet të pendohemi për të gjitha mëkatet tona dhe të besojmë me zjarr në Jezus Krishtin i cili na shpengoi nga mëkatet tona dhe me anë të këtij besimi ne duhet të jetojmë jetë të shëndetshme. Shumë vëllezër sot kanë përjetuar shërimin, kanë dëshmuar për fuqinë e Perëndisë dhe i kanë dëshmuar për Perëndinë e gjallë. Kjo gjë na tregon se kushdo që e pranon Jezusin dhe kërkon në emër të Tij, të gjitha problemet e sëmundjeve do të marrin përgjigje. Nuk ka rëndësi se sa i sëmurë mund të jetë dikush, kur ai beson në zemrën e tij në Jezusin që u fshikullua dhe derdhi gjakun e Tij, një vepër e mrekullueshme e Perëndisë do të shfaqet.

5. Besimi i perkryer me vepra

Ashtu si i paralizuari mori shërim me anë të ndihmës së katër shokëve të tij pasi i treguan besimin e tyre Jezusit, nëse duam të marrim atë që na dëshiron zemra, duhet t'i tregojmë Perëndisë besimin tonë të shoqëruar me fakte. Në mënyrë që t'i ndihmoj lexuesit për të kuptuar më mirë fjalën „besim" po ofroj një shpjegim të vogël.

Në jetën e dikujt që është në Krishtin, „besimi" mund të ndahet dhe shpjegohet në dy kategori. „Besimi i mishit" ose

„besimi si dije" që i referohet atij lloj besimi që mund ta ketë dikush ku provat fizike dhe Bibla korrespondojnë me njohuritë dhe mendimin e tij. Ndërsa, „besimi shpirtëror" është ai lloj besimi që mund ta ketë dikush edhe nëse nuk arrin të shohë dhe Bibla nuk korrespondon me njohuritë dhe mendimet e tij. Me „besimin e mishit" dikush beson se diçka e dukshme është krijuar nga diçka tjetër që është gjithashtu e dukshme. Me „besimin shpirtëror" të cilin nuk mund ta kesh nëse fut aty mendimet dhe njohuritë e tua, dikush beson se diçka e dukshme mund të krijohet nga diçka tjetër që mund të jetë e padukshme. Kjo e fundit kërkon shkatërrimin e njohurive dhe mendimeve të vetë personit.

Që nga lindja, një sasi e panumërt njohurish janë regjistruar në trurin e personit. Gjërat që ai dëgjon dhe shikon janë regjistruar. Gjëra që ai i mëson në shtëpi dhe shkollë, gjëra që i ka mësuar në ambient. Por, duke qenë se jo çdo njohuri e regjistruar është e vërtetë, nëse ka të tilla që janë në kundërshtim me Fjalën e Perëndisë, personi duhet që natyrisht t'i heqë ato. Për shembull, në shkollë ai mëson se çdo qenie e gjallë është rritur ose ka evoluar nga njëqelizor në një organizëm shumëqelizor, por në Bibël ai mëson se çdo qenie e gjallë është krijuar nga Perëndia. Çfarë duhet të bëjë? Falsiteti i teorisë së evolucionit është demaskuar vazhdimisht edhe nga shkenca. Si është e mundur, edhe me arsyetimin e njeriut, që majmuni të ketë evoluar në njeri dhe bretkosa të ketë evoluar në zog, brenda qindra milionave vjetësh? Edhe logjika favorizon teorinë e krijimit.

Kur „besimi i mishit" të transformohet në „besimin

shpirtëror" dyshimet e tua do të zhduken dhe do të qëndrosh në shkëmbin e së vërtetës. Nëse i tregon besimin tënd Perëndisë, duhet që Fjalën që ke mësuar dhe e ke kthyer në dije ta vësh në praktikë. Nëse tregon se beson në Perëndinë, duhet të tregosh që je drita duke e mbajtur të shenjtë ditën e Zotit, duhet të duash fqinjin dhe t'i bindesh Fjalës së të vërtetës.

Nëse i paralizuari te Marku 2, do të qëndronte në shtëpi, ai nuk do të shërohej. Por, sepse ai besonte se do të shërohej menjëherë sapo të dilte përpara Jezusit, dhe t'i tregonte besimin e tij duke përdorur çdo mënyrë të mundshme, i paralizuari mundi të merrte shërimin. Edhe nëse dikush dëshiron të ndërtojë një shtëpi vetëm duke u lutur, „Zot, besoj se shtëpia do të ndërtohet" njëqind apo njëmijë lutje nuk mund të bëjnë që një shtëpi të ndërtohet vetë. Ai duhet të bëjë punën që i takon, përgatitjen e themeleve, gërmimin e tokës vendosjen e shtyllave e të tjerat, shkurt është nevoja për punë.

Nëse ti apo dikush tjetër në familjen tënde vuan nga ndonjë sëmundje, beso se Perëndia do të të falë dhe do të shfaqë veprën e shërimit kur të shohë se të gjithë në familjen tënde janë të bashkuar në dashuri dhe harmoni. Disa thonë se duke qenë se gjithçka ka kohën e vet, do të ketë edhe një kohë për shërim. Mos harro se „koha" është momenti kur njeriu të themelojë besimin e tij para Perëndisë.

Lutem në emër të Perëndisë që të marrësh përgjigje për problemin e sëmundjes tënde dhe për çdo gjë tjetër që kërkon dhe që t'i japësh lavdi Perëndisë!

Kapitulli 5

Fuqia Për të Shëruar Lëngatat

Pastaj Jezusi
i thirri të dymbëdhjetë dishepujt
e tij rreth vetes dhe u dha autoritet t'i dëbojnë frymërat e ndyra,
dhe të shërojnë çdo sëmundje e çdo lëngatë.

Mateu 10:1

1. Fuqia për të shëruar sëmundjet dhe lëngatat

Ka mënyra të ndryhme për të vërtetuar Perëndinë e gjallë ndaj jobesimtarëve dhe shërimi është një nga këto. Kur njerëzit vuajnë nga sëmundje të pashërueshme, kundër të cilave përdorimi i shkencës mjekësore është e kotë, që të marrin shërim, ata nuk e mohojnë fuqinë e Perëndisë Krijues, por besojnë në Të dhe i japin lavdi.

Pavarësisht pasurisë së tyre, autoritetit, famës dhe dijeve, shumë njerëz sot janë të paaftë të zgjidhin problemin e sëmundjes dhe janë nën agoninë e saj. Megjithëse një numër i madh sëmundjesh nuk mund të kurohet me zhvillimin e lartë të shkencës së mjekësisë, kur njerëzit besojnë në Perëndinë e plotfuqishëm, mbështeten tek Ai dhe ia besojnë Atij problemin e sëmundjes, të gjitha sëmundjet e pashërueshme mund të shërohen. Për Perëndinë asgjë nuk është e pamundur, Ai mund të krijojë diçka nga asgjëja, bën që një shkop i thatë të lulëzojë (Numrat 17:8), dhe ringjall të vdekurit (Gjoni 11:17-44).

Fuqia e Zotit tonë mund të shërojë çdo sëmundje. Te Mateu 4:23 lexojmë, *"Jezusi shkonte kudo nëpër Galile, duke mësuar në sinagogat e tyre, duke predikuar ungjillin e mbretërisë dhe duke shëruar çdo sëmundje dhe çdo lëngatë në popull,"* dhe te Mateu 8:17, ne lexojmë, *"që kështu të përmbushej fjala e profetit Isaia kur tha: 'Ai i mori lëngatat tona dhe i mbarti sëmundjet tona'"*. Në këtë paragraf flitet për „sëmundjen" dhe „lëngatat".

„Lëngatat" nuk i referohet një sëmundjeje të lehtë apo

një të ftohure ose një lodhjeje. Është një gjendje anormale ku funksionet e trupit të dikujt, pjesët e trupit ose organet paralizohen ose shkatërrohen për shkak të një aksidenti apo të një gabimi të prindërve. Për shembull, ata që janë memecë, të shurdhër, të verbër, të paralizuar, ata që vuajnë nga paraliza që fëmijë (e njohur ndryshe si poliomielit), dhe pjesa tjetër – ata që nuk mund të kurohen nga njohuritë e njeriut – mund të klasifikohen si „lëngata". Përveç gjendjes së shkaktuar nga një aksident apo nga një gabim nga vetë prindërit, si rasti i burrit që kishte lindur i vdekur te Gjoni 9:1-3, ka njerëz që vuajnë nga lëngata të ndryshme, kështu që madhështia e Perëndisë duhet shfaqur. Por, shumë raste janë të rralla dhe në të shumtën e rasteve janë shkaktuar nga gabimi apo injoranca e njeriut.

Kur njerëzit pendohen dhe pranojnë Jezusin ndërsa kërkojnë të besojnë te Perëndia, Ai u jep atyre Frymën e Shenjtë si dhuratë. Me anë të Frymës së Shenjtë ata gjithashtu kanë të drejtën të bëhen fëmijë të Perëndisë. Kur Fryma e Shenjtë është me ta, me përjashtim të rasteve serioze, shumë prej sëmundjeve janë të shërueshme. Fakti që ata kanë marrë vetëm Frymën e Shenjtë bën që flaka e Frymës së Shenjtë të bjerë mbi ta dhe të djegë plagët. Edhe nëse dikush vuan nga një sëmundje kritike, kur ai lutet me zell, shkatërron murin e mëkatit mes tij dhe Perëndisë, ikën nga rruga e mëkatit dhe pendohet, ai do të marrë shërim sipas masës së besimit.

„Flaka e Frymës së Shenjtë" i referohet pagëzimit me zjarr që bëhet kur dikush merr Frymën e Shenjtë dhe në sytë e Perëndisë është fuqia e Tij. Kur sytë shpirtëror të Gjon Pagëzorit u hapën dhe panë, ai e përshkroi zjarrin e Frymës së Shenjtë si „zjarrin e pagëzimit". Te Mateu 3:11, Gjon Pagëzori tha, „*Unë po ju pagëzoj me ujë, për pendim; por ai që vjen pas meje është më i fortë se unë, dhe unë nuk jam i denjë as të mbaj sandalet e tij; ai do t'ju pagëzojë me Frymën e Shenjtë dhe me zjarrin*". Zjarri i pagëzimit nuk vjen në çdo kohë, por vetëm kur dikush është mbushur me Frymën e Shenjtë. Pasi zjarri i Frymës së Shenjtë zbret tek ai që është mbushur me Frymën e Shenjtë, të gjitha sëmundjet do të digjen dhe ai do të jetojë një jetë të shëndetshme.

Kur zjarri i pagëzimit djeg mallkimin e një sëmundjeje, shumë nga sëmundjet do të shërohen; mirëpo, lëngatat nuk mund të digjen nga zjarri i pagëzimit. Si mund të shërohen lëngatat?

Të gjitha lëngatat mund të shërohen vetëm nga fuqia e dhënë nga Perëndia. Ja pse gjejmë te Gjoni 9:32-33, „*Që prej fillimit të botës nuk është dëgjuar që dikush t'ia ketë hapur sytë një të linduri të verbër. Po të mos ishte ky nga Perëndia, nuk do të mund të bënte asgjë*".

Te Veprat 3:1-10 është një skenë ku Pjetri dhe Gjoni, të cilët e kishin marrë fuqinë e Perëndisë, ndihmuan të ngrihej në këmbë një burrë që ishte i paralizuar që nga lindja, i cili lypte para portës së quajtur „E bukura". Kur Pjetri i tha te vargu 6, „*Unë nuk kam as argjend, as ar, por atë që kam po ta jap: në emër të Jezu Krishtit Nazarenas, çohu dhe ec!*" dhe e kapi të paralizuarin nga krahu i djathtë, menjëherë këmbët dhe kyçet iu forcuan dhe ai filloi t'i jepte lavdi Perëndisë. Kur njerëzit panë burrin që më parë ishte i paralizuar dhe tashmë po ecte dhe i jepte lavdi Perëndisë, u mrekulluan dhe u çuditën.

Nëse dikush dëshiron të marrë shërim, ai duhet të ketë besim te Jezus Krishti. Megjithëse burri i paralizuar ishte thjesht një lypës, ngaqë besonte në Jezusin mundi të merrte shërimin kur ata që kishin marrë fuqinë e Perëndisë u lutën për të. Kjo është arsyeja pse Bibla na thotë, *„Dhe për besimin në emër të Jezusit, ky njeri, të cilin ju po e shihni dhe e njihni, u fortesua nga emri i tij; dhe besimi, që është nëpërmjet tij, i ka dhënë shërimin e plotë të gjymtyrëve, në praninë e të gjithëve ju"* (Veprat 3:16).

Te Mateu 10:1, lexojmë se Jezusi u dha dishepujve të tij fuqinë kundër shpirtrave të papastër, për t'i përzënë ata jashtë dhe për të shëruar të gjitha llojet e sëmundjeve. Në kohët e Testamentit të Vjetër, Perëndia u dha profetëve të Tij të dashur, përfshirë Moisiun, Elijan dhe Elishan, fuqinë për të shëruar lëngatat; në kohët e Testamentit të Ri, fuqia e Perëndisë ishte me disa apostuj si Pjetri dhe Pali dhe punëtorët besimplotë Stefani dhe Filipi.

Pasi që dikush merr fuqinë e Perëndisë, asgjë nuk është e pamundur sepse ai mund të ndihmojë një të paralizuar të ngrihet, të shërojë ata që vuajnë nga paralizat që fëmijë duke i bërë të aftë të ecin, bëjnë të verbrin të shohë, i hap veshët të shurdhrit dhe i zgjidh gjuhën shurdhmemecit.

2. Mënyra të ndryshme për të shëruar lëngatat

1) Fuqia e Perëndisë shëroi njeriun shurdhmemec

Te Marku 7:31-37 jepet një skenë ku fuqia e Perëndisë shëron një burrë shurdhmemec. Kur njerëzit çuan burrin te Jezusi dhe iu lutën që Ai të vendoste dorën mbi të, Jezusi e mori veçmas burrin dhe i futi gishtat në veshë. Pastaj pështyu dhe preku gjuhën e burrit. Pa lart në qiell dhe me një psherëtimë i tha, „'Eftatha!' *(që do të thotë 'Shërohu!')* " (v. 34). Menjëherë, veshët e burrit u hapën, gjuha iu zgjidh dhe filloi të fliste qartë.

A mundte Perëndia, i cili e ka krijuar çdo gjë në univers sipas Fjalës së Tij, të mos shëronte burrin gjithashtu me anë të Fjalës së Tij? Pse Jezusi ia futi gishtat në vesh burrit? Duke qenë se një person i shurdhër nuk dëgjon dot tinguj dhe komunikon me gjuhën e shenjave, ky njeri nuk do të kishte qenë në gjendje të kishte besim si të tjerët edhe nëse Jezusi do të kishte folur me tinguj. Edhe pse Jezusi e dinte që burrit i mungonte besimi, përsëri i futi gishtat në vesh ku me anë të prekjes së gishtave burri mund të fillonte të besonte dhe me anë të besimit të shërohej. Elementi kryesor është besimi me anë të të cilit mund të shërohemi. Jezusi mundi ta shëronte burrin me Fjalën e Tij, por për shkak se ai nuk mund të dëgjonte, Jezusi mbolli besim dhe e lejoi burrin të shërohej duke përdorur këtë metodë.

Pse pështyu Jezusi dhe më pas preku gjuhën e burrit? Jezusi pështyu sepse një shpirt i keq e kishte bërë burrin memec. Nëse dikush të pështyn në fytyrë pa asnjë arsye të veçantë, si do ta merrje? Është një veprim i një sjelljeje të fëlliqur dhe imorale që tregon përbuzje ndaj personit tjetër. Duke qenë së e pështyra në përgjithësi simbolizon mosrespektim ndaj dikujt, Jezusi pështyu për të përzënë shpirtin e keq.

Te Zanafilla, ne shohim që Perëndia e mallkoi gjarprin që të hante pluhur gjatë gjithë jetës së tij. Kjo gjë, me fjalë të tjera, i referohet mallkimit të Perëndisë ndaj armikut djall dhe Satanit, i cili e kishte nxitur gjarprin, të bënte pre njeriun që ishte krijuar nga pluhuri. Si pasojë, që nga koha e Adamit, armiku djall është përpjekur të bëjë pre njeriun dhe kërkon çdo mundësi për ta torturuar dhe përpirë atë. Ashtu si mizat, mushkonjat dhe larvat jetojnë në vende të pista, ashtu edhe armiku djall gjen vend te njerëzit që e kanë zemrën të mbushur me mëkat, ligësi dhe gjaknxehtësi duke pushtuar mendjen e tyre. Duhet të kuptojmë se vetëm ata që jetojnë dhe veprojnë sipas Fjalës së Perëndisë mund të shërohen nga të gjitha sëmundjet.

2) Fuqia e Perëndisë shëroi të verbrin
Te Marku 8:22-25, lexojmë:

> *Pastaj arriti në Betsaida; dhe i prunë një të verbër e iu lutën ta prekte. Atëherë e mori për dore të verbërin, e nxori jashtë fshatit dhe, pasi i pështyu në sy dhe vuri duart mbi të, e pyeti nëse shihte gjë. Dhe ai, duke hapur sytë, tha: „Po shoh njerëz si pemë që ecin". Atëherë Jezusi i vuri përsëri duart mbi sytë dhe e bëri të shikojë lart; dhe atij iu kthye të parit dhe shikonte qartë gjithçka.*

Kur Jezusi u lut për burrin e verbër, Ai pështyu në sytë e tij. Pse burri i verbër filloi të shohë pasi Jezusi u lut për herë të dytë dhe jo pas lutjes së parë? Me fuqinë e Tij, Jezusi mund ta shëronte plotësisht burrin, por për shkak të besimit të tij të ulët, Jezusi u lut për herë të dytë dhe e ndihmoi të besonte. Me anë të kësaj, Jezusi na mëson se kur disa njerëz nuk arrijnë të marrin shërimin që me lutjen e parë, atëherë duhet të lutemi përsëri për ta, dy herë, tri herë deri katër herë derisa të mbillet besimi, me anë të të cilit ata të fillojnë të besojnë për shërimin.

Jezusi, për të cilin asgjë nuk ishte e pamundur, u lut e u lut vazhdimisht kur e pa se i verbri nuk mund të shërohej me besimin që kishte. Çfarë duhet të bëjmë? Me më shumë lutje ne duhet të durojmë derisa të marrim shërimin.

Te Gjoni 9:6-9 është një burrë i lindur i verbër që mori shërim pasi Jezusi pështyu në tokë, bëri ca baltë me pështymën e Tij dhe vuri baltë në sytë e burrit. Pse e shëroi Jezusi duke pështyrë në tokë, duke bërë ca baltë me pështymën e Tij dhe duke e vendosur në sytë e të verbrit? Pështyma këtu nuk i referohet diçkaje të papastër; Jezusi pështyu në tokë që të bënte pak baltë dhe ta vendoste në sytë e burrit. Jezusi bëri baltë me pështymën e Tij pasi nuk kishte ujë. Në rastet e lungave apo të pickimit të mushkonjave prindërit i lyejnë fëmijët me pështymë në shenjë dashurie. Duhet të kuptojmë dashurinë e Perëndisë sonë i cili përdori mjete të ndryshme për të ndihmuar të pafuqishmit që të fitojnë besim.

Sapo Jezusi i vendosi baltë në sy të verbrit, burri ndjeu baltën në sy dhe filloi të ketë besim me të cilën ai mund të shërohej. Pasi

Jezusi i dha besim, burri që në fillim e kishte të dobët besimin, i hapi sytë nga fuqia e Tij.

Jezusi na thotë, *"Po të mos shikoni shenja dhe mrekulli, ju nuk besoni"* (Gjoni 4:48). Sot, është e pamundur t'i ndihmosh njerëzit të fitojnë atë lloj besimi me të cilin mund të besojnë vetëm Fjalën në Bibël, pa dëshmi mrekullish. Në një kohë ku njohuritë e njeriut dhe shkenca janë zhvilluar pamasë, është mjaft e vështirë të fitosh besim shpirtëror dhe të besosh në një Perëndi të padukshëm. „Beso atë që shikon" e keni dëgjuar shpesh. Gjithashtu, që besimi i njerëzve të rritet janë absolutisht të nevojshme veprat shëruese që ata të shohin dhe prekin „shenjat e mrekullive" të Perëndisë së gjallë.

3) Fuqia e Perëndisë shëroi të paralizuarin

Pasi Jezusi predikoi Lajmin e Mirë dhe shëroi njerëz që vuanin nga lloje të ndryshme sëmundjesh, edhe dishepujt e Tij shfaqën fuqinë e Perëndisë.

Kur Pjetri urdhëroi një lypës të paralizuar, *"Në emër të Jezus Krishtit, ec"* dhe e kapi në krahun e djathtë, menjëherë këmbët dhe kyçet e tij u bënë të forta dhe ai u ngrit në këmbë dhe eci (Veprat 3:6-10). Sapo njerëzit e panë shenjën e mrekullisë nga Pjetri i cili kishte marrë fuqinë e Perëndisë, shumë prej tyre filluan të besonin në Zot. Madje i sollën të sëmurët në rrugë dhe i shtrinë nëpër krevate e dyshekë që kur të kalonte Pjetri hija e tij t'u kalonte sipër. Njerëzit grumbulloheshin duke ardhur nga qytetet rreth Jeruzalemit, duke sjellë të sëmurët e tyre si edhe ata që ishin të pushtuar nga demonët dhe të gjithë ata morën shërimin (Veprat

5:14-16).
 Te Veprat 8:5-8 gjejmë, „*Dhe Filipi zbriti në qytetin e Samarisë dhe u predikoi atyre Krishtin. Dhe turmat, me një mendje të vetme, dëgjonin me vëmendje gjërat që thoshte Filipi, duke dëgjuar dhe duke parë mrekullitë që ai bënte. Frymëra të ndyra, pra, dilnin nga shumë të idemonizuar, duke bërtitur me zë të lartë; dhe shumë të paralizuar e të çalë shëroheshin. Dhe në atë qytet u bë gëzim i madh*".
 Te Veprat 14:8-12, lexojmë për një burrë të paralizuar i cili kishte lindur sakat dhe nuk kishte ecur kurrë. Pasi dëgjoi për mesazhin e Palit dhe pasi shkoi të fitonte besim me të cilin do të merrte shpëtim, kur Pali e urdhëroi, „*Ngrihu në këmbë!*" (v. 10) menjëherë, burri brofi në këmbë dhe filloi të ecë. Ata që e panë këtë mrekulli thanë „*Perënditë kanë zbritur te ne në formë njerëzore!*" (v. 11)
 Te Veprat 19:11-12 shkruan, „*Dhe Perëndia bënte mrekulli të jashtëzakonshme me anë të duarve të Palit, aq sa mbi të sëmurët sillnin peshqirë dhe përparëse që kishin qenë mbi trupin e tij, dhe sëmundjet largoheshin prej tyre dhe frymërat e liga dilnin prej tyre*". Sa e mrekullueshme dhe mahnitëse është fuqia e Perëndisë?
 Përmes njerëzve zemra e të cilëve ka arritur shenjtërimin dhe ka plotësuar dashurinë siç janë Pjetri, Pali dhe Dhjakët Filipi dhe Stefani, fuqia e Perëndisë manifestohet sot çdo ditë. Kur njerëzit dalin para Zotit me besim duke dashur t'u shërohen lëngatat, ata mund të shërohen duke marrë lutje nga punëtorët e Perëndisë me të cilët Ai punon.

Që nga themelimi i kishës Manmin, Perëndia i gjallë më ka lejuar të manifestoj shumë shenja mrekullish, duke mbjellë besim në zemrat e anëtarëve dhe duke sjellë rilindje të mëdha.

Një herë ishte një grua që kishte qenë subjekt abuzimi nga bashkëshorti i saj i alkoolizuar. Kur nervi i saj optik u shkatërrua na të rrahurat dhe doktorët nuk i dhanë më shpresë, gruaja erdhi në kishën Manmin pasi dëgjoi për të. Pasi mori pjesë në shërbimet e adhurimit dhe pasi u lut me zell për shërim, ajo mori lutjet e mia dhe filloi të shohë sërish. Fuqia e Perëndisë ia riparoi nervin optik që më parë e kishte humbur plotësisht.

Në një rast tjetër, ishte një burrë që vuante nga thyerja e tetë rruazave të shtyllës kurrizore gjatë një incidenti. Duke qenë se pjesa e poshtme e trupit i ishte paralizuar, ai ishte pranë pikës ku ishin gati t'i prisnin këmbët. Pasi pranoi Jezus Krishtin, ai arriti ta shmangë amputimin, por megjithatë duhej të mbante paterica. Ai më pas filloi të frekuentonte takimet në qendrën e lutjeve të kishës Manmin dhe pak më vonë, gjatë një shërbese adhurimi të së premtes mbrëma, pasi mori lutjet e mia, burri hodhi tutje patericat, filloi të ecë vetë dhe që atëherë u bë lajmëtar i ungjillit.

Fuqia e Perëndisë mund të shëroj plotësisht sëmundjet që shkenca mjekësore është e paaftë t'i shëroj. Te Gjoni 16:23, Jezusi na premton, *"Atë ditë ju nuk do të më bëni më asnjë pyetje. Në të vërtetë, në të vërtetë po ju them se çdo gjë që t'i kërkoni Atit në emrin tim, ai do t'jua japë"*. Lutem në emër të Perëndisë sonë që të besosh në fuqinë e Tij të mrekullueshme, ta kërkosh me zell, të marrësh përgjigje ndaj të gjitha problemeve dhe të bëhesh një lajmëtar për Lajmet e Mira për Perëndinë e gjithëpushtetshëm dhe të gjallë!

Kapitulli 6

Mënyrat Për të Shëruar të Idemonizuarit

Kur Jezusi hyri në shtëpi,
dishepujt e vet e pyetën veçmas:
„Përse ne nuk mundëm ta dëbojmë?"
Dhe ai u tha atyre:
„Ky lloj frymërash nuk mund të dëbohet ndryshe,
përveç, se me lutje dhe agjërim".

Marku 9:28-29

1. Në ditët e fundit dashuria do të ftohet

Zhvillimi i shkencës moderne dhe i industrisë ka sjellë mjaft të mira materiale si dhe i ka lejuar njerëzit të kërkojnë për më shumë komfort dhe mirëqenie. Në të njëjtën kohë, këta dy faktorë kanë rezultuar në izolim, egoizëm të tepërt, tradhti, dhe komplekse inferioriteti ndaj njerëzve. Ndërsa dashuria pakësohet mirëkuptimi dhe falja gjenden me vështirësi.

Ashtu siç predikoi Mateu 24:12, *„Dhe, duke qenë se paudhësia do të shumohet, shumëkujt do t'i ftohet dashuria,"* në kohën kur ligësia lulëzonte dhe dashuria ftohej, një nga problemet më serioze sot është shtimi i numrit të njerëzve që vuajnë nga çrregullimet mendore siç janë shkatërrimi nervor dhe skizofrenia.

Spitalet psikiatrike i izolojnë shumë pacientë që janë të paaftë të jetojnë jetë normale, por nuk kanë gjetur kurë të përshtatshme. Nëse nuk ka progres pas disa vitesh trajtimi, familjet lodhen dhe në shumë raste i injorojnë dhe i braktisin pacientët si jetimë. Këta pacientë, duke jetuar pa familjen, bëhen të paaftë të veprojnë si njerëz normalë. Megjithëse ata kanë nevojë për dashuri të vërtetë nga të afërmit e tyre, por jo shumë njerëz u shfaqin atyre dashuri.

Ne gjejmë në Bibël shumë raste ku Jezusi shëron njerëz që janë pushtuar nga demonë. Pse janë regjistruar në Bibël? Ndërsa vjen fundi i kohës, dashuria ftohet dhe Satani torturon njerëzit, i bën të vuajnë nga çrregullime mendore dhe i adopton si fëmijë të djallit. Satani torturon, sëmur, bën konfuzë, dhe e kalb me sëmundje dhe mëkat mendjen e njerëzve. Për sa kohë shoqëria është e zhytur në mëkat dhe ligësi, njerëzit janë të gatshëm të kenë lakmi, të zihen, të urrejnë dhe vrasin. Ndërsa afrohen ditët e fundit, të krishterët duhet të jenë të aftë të dallojnë të vërtetën nga e pavërteta, të ruajnë besimin e tyre si dhe të jetojnë jetë të shëndetshme mendore dhe fizike.

Le të shqyrtojmë arsyen që qëndron pas mundimeve të Satanit, e shtimit të numrit të njerëzve të pushtuar nga Satani dhe demonët si dhe vuajtjet nga çrregullimet mendore në shoqërinë tonë moderne në të cilën ka përparuar shumë civilizimi shkencor.

2. Procesi i pushtimit nga Satani

Çdokush ka ndërgjegje dhe shumë njerëz jetojnë sipas ndërgjegjes së tyre, por standardet e ndërgjegjes së secilit dhe rezultatet e mëvonshme ndryshojnë nga njeriu në njeri. Kjo ndodh ngaqë çdo njeri ka lindur dhe është rritur në kushte dhe mjedise të ndryshme, ka parë, ka dëgjuar dhe ka mësuar gjëra të ndryshme nga prindërit, në shtëpi dhe shkollë si dhe ka memorizuar informacione të ndryshme.

Nga njëra anë, Fjala e Perëndisë e cila është e vërteta, na thotë, *„Mos u mund nga e keqja, por munde të keqen me të mirën"* (Romakëve 12:21), dhe na nxit, *„Mos i rezisto të ligut; madje, në qoftë se dikush të qëllon mbi faqen e djathtë, ktheja dhe tjetrën"* (Mateu 5:39). Duke qenë se Fjala na mëson të duam dhe falim, një gjykim standard, „Të humbasësh do të thotë të fitosh," zhvillohet tek ata që e besojnë këtë gjë. Nga ana tjetër, nëse dikush ka mësuar se duhet të hakmerret kur goditet, ai do të arrijë gjykimin që tregon se të rezistosh është një veprim i guximshëm ndërsa të shmangesh tregon frikën. Tre faktorët – gjykimi standard i çdo individi, nëse ka jetuar një jetë të drejtë apo të padrejtë, dhe se sa kompromis ka bërë me botën – do të formojnë ndërgjegje të ndryshme te njerëzit.

Ngaqë njerëzit kanë bërë jetë të ndryshme, si rrjedhim edhe ndërgjegjja e tyre është e ndryshme. Armiku i Perëndisë, Satani, e përdor këtë gjë për t'i joshur njerëzit që të jetojnë sipas natyrës mëkatare, kundër së vërtetës dhe të mirës, duke i përzierë me ligësi dhe duke i shtyrë në mëkat.

Në zemrën e njerëzve ka një konflikt mes dëshirës për Frymën e Shenjtë me të cilën mund të jetojnë sipas ligjit të Perëndisë, dhe dëshirës për natyrën mëkatare me të cilën njerëzit mund të kënaqin epshet e mishit. Kjo është arsyeja pse Perëndia na nxit te Galatasve 5:16-17, *"Dhe unë them: Ecni sipas Frymës dhe nuk do të përmbushni dëshirat e mishit, sepse mishi ka dëshira kundër Frymës, dhe Fryma ka dëshira kundër mishit; dhe këto janë të kundërta me njëra-tjetrën, që ju të mos bëni ato që dëshironi".*

Nëse jetojmë duke dashur Frymën e Shenjtë do të trashëgojmë mbretërinë e Perëndisë; nëse ndjekim dëshirën për natyrën mëkatare dhe nuk jetojmë sipas Fjalës së Perëndisë, nuk do ta trashëgojmë mbretërinë e Tij. Kjo është arsyeja pse Perëndia na paralajmëron te Galatasve 5:19-21:

Dhe veprat e mishit janë të zbuluar dhe janë: kurorëshkelja, kurvëria, ndyrësia, shthurja, idhujtaria, magjia, armiqësimi, grindjet, xhelozitë, mëritë, zënkat, përçarjet, tarafet, smira, vrasjet, të dehurit, grykësia dhe gjëra të ngjashme me këto, për të cilat po ju paralajmëroj, si kurse ju thashë edhe më parë, se ata që i bëjnë këto gjëra nuk do të trashëgojnë mbretërinë e Perëndisë.

Si pushtohen njerëzit nga demonët?

Përmes mendimeve të dikujt, gjallëron dëshirat për natyrën mëkatare te një individ zemra e të cilit është mbushur me mëkate. Nëse është i paaftë të kontrollojë mendjen e tij dhe vepron sipas natyrës mëkatare, një ndjenjë faji në zemrën e tij do të rrisë më shumë ligësi. Kur veprime të tilla mëkatare rriten, në fund personi nuk mund të jetë më i aftë të kontrolloj vetveten dhe në vend të saj bën atë që e nxit Satani të bëjë. Një njeri i tillë quhet „i pushtuar" nga Satani.

Për shembull, le të supozojmë një burrë përtac i cili nuk do të punojë, por të pijë duke harxhuar kohën kot. Te një individ i tillë, Satani do të nxisë dhe kontrollojë mendjen e tij kështu që burri do të vazhdojë të pijë dhe të humbasë kohën duke menduar se puna është e rëndë. Satani gjithashtu do ta largojë nga ajo që është e mirë e cila është e vërteta, do t'i marrë të gjitha energjitë për të zhvilluar jetën e tij dhe do ta kthejë në një njeri të paaftë

dhe të padobishëm.
Për sa kohë që burri do të veprojë dhe jetojë sipas qëllimit të Satanit, nuk do të jetë i aftë t'i shpëtoj atij. Për më tepër, ndërsa në zemrën e tij rritet më shumë ligësi dhe e ka dorëzuar vetveten në mendimet e liga, në vend që ta kontrolloj zemrën, do të bëjë atë që e kënaq. Nëse do që të nevrikoset, do të nevrikoset për qejfin e vet; nëse do që të zihet apo të diskutojë, do të zihet dhe diskutojë sa të dojë; dhe nëse do që të pijë, do të jetë i paaftë ta ndalojë veten nga pija. Kur kjo gjë akumulohet, duke filluar nga një pikë e caktuar ai nuk do të jetë më në gjendje të kontrollojë mendimet e zemrën dhe të shohë se të gjitha gjërat janë kundër vullnetit të tij. Pas këtij procesi, ai pushtohet nga demonët.

3. Shkaku i pushtimit nga demonët

Ka dy arsye themelore që dikush nxitet nga Satani dhe më pas pushtohet nga demonët.

1) Prindërit

Nëse prindërit janë larguar nga Perëndia, adhurojnë idhujt të cilat Ai i urren dhe i sheh të neveritshme, apo kanë bërë diçka shumë të keqe, forca e shpirtit të ligë do të futet te fëmijët e tyre dhe nëse i gjen të papërmbajtshëm, ata do të pushtohen nga demonët. Në raste të tilla, prindërit duhet të dalin para Zotit, plotësisht të penduar për mëkatet e tyre, të kthyer nga rruga e mëkatit dhe t'i përgjërohen Perëndisë për fëmijët e tyre. Perëndia më pas do të shohë zemrat e prindërve dhe do të shfaqë veprën e shërimit, duke liruar zinxhirët e padrejtësisë.

2) Vetvetja

Pavarësisht mëkateve të prindërve, dikush mund të pushtohet nga demonët për shkak të pavërtetave të tij, përfshirë të ligën, krenarinë dhe të tjerat. Meqenëse personi nuk mund të lutet dhe pendohet për mëkatet e tij, kur merr lutje nga një punëtor i Perëndisë që shfaq fuqinë e Tij, zinxhiri i padrejtësisë mund të lirohet. Kur demonët nxirren jashtë ai vjen në vete, mëson Fjalën e Perëndisë dhe zemra e tij që më parë ishte e zhytur në mëkat dhe ligësi do të pastrohet dhe do të bëhet një zemër e vërtetë.

Por, nëse dikush nga pjesëtarët e familjes apo të afërmit është pushtuar nga demonët, familja cakton dikë që do të lutet për atë person. Kjo sepse zemra dhe mendja e një personi të pushtuari nga demonë kontrollohet nga demonët dhe ai nuk është i aftë të bëjë diçka që është në të mirën e tij. Ai as nuk mund të lutet apo të dëgjojë Fjalën e së vërtetës; nuk mund të jetojë sipas së vërtetës. Prandaj, e tërë familja apo vetëm një pjesëtar duhet të lutet për të në dashuri dhe keqardhje që personi i pushtuar nga demonët të jetojë në besim. Kur Perëndia sheh përkushtimin dhe dashurinë e kësaj familjeje, do të shfaqë veprën e shërimit. Jezusi na ka thënë t'i duam fqinjët si veten tonë (Luka 10:27). Nëse nuk jemi të aftë të lutemi apo të përkushtohemi për një pjesëtar të familjes sonë i cili është i pushtuar nga demonët, si mund t'i duam fqinjët tanë?

Kur familja dhe miqtë e dikujt që është pushtuar nga demonët përcaktojnë shkakun, pendohen, luten në besimin e fuqisë së Perëndisë, përkushtohen me dashuri dhe mbjellin farën e besimit, demonët do të largohen dhe i afërmi i tyre i dashur do të transformohet në një njeri të vërtetës, të cilin Perëndia do ta mbrojë nga demonët.

4. Mënyrat për të shëruar të pushtuarit nga demonët

Në shumë pjesë të Biblës janë treguar raste shërimi të njerëzve të pushtuar nga demonët. Le të shohim se si e kanë marrë shërimin.

1) Duhet të sprapsësh forcat e demonëve.

Te Marku 5:1-20 gjejmë një burrë të pushtuar nga një shpirt i papastër. Vargu 3-4 shpjegon rreth burrit, duke thënë, *„banonte në varreza dhe kurrkush s'kishte mundur ta lidhë, qoftë edhe me zinxhirë. Shpesh herë, pra, e kishin lidhur me pranga e zinxhirë; por ai gjithnjë i thyente zinxhirët dhe i këpuste prangat; dhe kurrkush nuk e kishte bërë dot zap".* Ne gjithashtu mësojmë nga Marku 5:5-7, *„Vazhdimisht, natën dhe ditën, nëpër varre e mbi male, shkonte duke bërtitur dhe duke e rrahur veten me gurë. Tani kur e pa Jezusin prej së largu, ai u turr dhe ra përmbys përpara tij, dhe me një britmë të madhe tha: 'Ç'ka ndërmjet mes nesh dhe teje, o Jezus, Bir i Perëndisë të shumë të lartit? Unë të përgjërohem në emrin e Perëndisë, mos më mundo!'"*

Kjo ishte si përgjigje e asaj që ka urdhëruar Jezusi, *„Dil nga ky burrë, ti shpirt i papastër!"* (v. 8) Kjo skenë na tregon se edhe pse njerëzit nuk e dinin se Jezusi ishte biri i Perëndisë, shpirti i papastër e dinte saktësisht se kush ishte Jezusi dhe çfarë lloj fuqie kishte.

Jezusi më pas e pyet, „*Si të quajnë?*" dhe burri i pushtuar nga demoni përgjigjet, „*Më quajnë Legjion, sepse jemi shumë*" (v. 9). Ai iu lut Jezusit vazhdimisht që të mos i përzinte nga zona dhe iu lut që t'i dërgonte brenda derrave. Jezusi nuk pyeti për emrin se nuk e dinte; Ai pyeti si gjykim ndaj shpirtit të papastër. Për më tepër, „Legjion" do të thotë një numër i madh demonësh që po mbanin peng burrin.

Jezusi e lejoi „Legjionin" të hynte në një kope me derra, të cilët u turrën me shpejtësi poshtë brigjeve të thepisura të liqenit dhe u mbytën. Kur i përzëmë jashtë demonët, duhet ta bëjmë me Fjalën e së vërtetës, që simbolizohet nga uji. Kur njerëzit panë burrin, që nuk kishte fuqinë e një burri, plotësisht i sëmurë, i ulur diku, i veshur dhe në rregull nga trutë, ata filluan të kishin frikë.

Si mund t'i përzëmë sot demonët? Ata mund të përzihen në emër të Jezus Krishtit me anë të ujit, që simbolizon Fjalën, apo me anë të zjarrit, që simbolizon Frymën e Shenjtë, dhe kështu ata do të humbasin fuqinë e tyre. Por, ngaqë demonët janë qenie shpirtërore, ata mund të përzihen jashtë trupit të një personi me fuqinë e lutjeve. Kur një person pa besim përpiqet t'i përzërë, demonët do ta nënvlerësojnë ose do të tallen me të. Që të shërohet personi i pushtuar nga demonët, duhet që një njeri i Perëndisë të lutet për të.

Megjithatë, nganjëherë demonët nuk largohen edhe nëse

një njeri i Perëndisë i përzë jashtë në emër të Jezus Krishtit. Kjo ndodh ngaqë personi i pushtuar nga demonët ka blasfemuar ose ka folur kundër Frymës së Shenjtë (Mateu 12:31; Luka 12:10). Shërimi nuk mund të ndodhë te disa njerëz të pushtuar nga demonët kur ata me qëllim vazhdojnë të bëjnë mëkate edhe pasi kanë marrë njohuri për të vërtetën (Hebrenjtë 10:26).

Për më tepër, te Hebrenjtë 6:4-6 gjejmë, *„Sepse ata që janë ndriçuar një herë, e shijuan dhuntinë qiellore dhe u bënë pjestarë të Frymës së Shenjtë, dhe shijuan fjalën e mirë të Perëndisë dhe mrrekullitë e jetës së ardhshme, dhe po u rrëzuan, është e pamundur t'i sjellësh përsëri në pendim, sepse ata, për vete të tyre, e kryqëzojnë përsëri Birin e Perëndisë dhe e poshtërojnë"*.

Tani që kemi mësuar për këtë gjë, duhet të kemi kujdes për veten tonë, domethënë të mos bëjmë më mëkate të cilat do na pengonin për të marrë falje. Duhet gjithashtu të dallojmë nëse dikush i pushtuar nga demonët mund të marrë shërim me lutje apo jo.

2) Armatosu me të vërtetën.

Sapo demonët dalin jashtë tyre, njerëzit duhet ta mbushin zemrën me jetë dhe të vërtetë duke lexuar me kujdes Fjalën e Perëndisë, duke u përgjëruar dhe lutur. Edhe nëse demonët dalin jashtë, nëse njerëzit vazhdojnë të bëjnë mëkate pa e mbrojtur veten me të vërtetën, demonët do të kthehen përsëri dhe kësaj here ata do të jenë të shoqëruar nga të tjerë demonë më të këqij. Duhet të kujtosh se gjendja e njerëzve do të jetë më e rëndë se herën e parë që ishin pushtuar nga demonët.

Te Mateu 12:43-45, Jezusi na thotë si më poshtë:

> *Tani kur fryma e ndyrë ka dalë nga një njeri, endet nëpër vende të thata, duke kërkuar qetësi, por nuk e gjen. Atëherë thotë: „Do të kthehem në shtëpinë time, nga kam dalë"; po kur arrin e gjen të zbrazët, të pastruar dhe të zbukuruar; atëherë shkon e merr me vete shtatë frymëra të tjera më të liga se ai, të cilët hyjnë dhe banojnë aty; kështu gjendja e fundit e këtij njeriut bëhet më e keqe nga e mëparshmja. Kështu do t'i ndodhë edhe këtij brezi të mbrapshtë.*

Demonët nuk nxjerren jashtë pa kujdes. Për më tepër, pasi demonët të kenë dalë jashtë, miqtë dhe familjarët e atij që është pushtuar nga demonët duhet të kuptojnë se personi ka nevojë për përkujdesje dhe dashuri. Ata duhet të kujdesen për të me përkushtim dhe sakrificë dhe ta mbështjellin me të vërtetën derisa ai të marrë shërim të plotë.

5. Çdo gjë është e mundur për atë që beson

Te Marku 9:17-27 jepet një rast ku Jezusi shëron një djalë të pushtuar nga një shpirt që i kishte marrë të folurin dhe e bënte të vuante nga epilepsia. Le të shqyrtojmë se si e mori shërimin djali.

1) Familja duhet të tregoj besimin e saj.

Një djalë te Marku 9 ishte memec dhe i shurdhër që nga fëmijëria ngaqë e kishte pushtuar një demon. Ai nuk mund të kuptonte asnjë fjalë dhe komunikimi me të ishte i pamundur. Për më tepër, ishte e vështirë të përcaktoje ku dhe kur mund ta kapnin krizat e epilepsisë. I ati i tij, megjithatë, gjithmonë kishte jetuar në frikë dhe agoni, me të gjitha shpresat e humbura në jetë.

Pastaj i ati dëgjoi për një burrë nga Galileja i cili kishte shfaqur mrekulli duke ringjallur të vdekurit si dhe duke shëruar lloje të ndryshme sëmundjesh. Një rreze shprese filloi të depërtojë brenda dëshpërimit të burrit. Nëse lajmi ishte i saktë, i ati besonte se njeriu nga Galileja mund ta shëronte djalin e tij. Në kërkim të fatit të mirë, burri e çoi djalin e tij para Jezusit dhe i tha, *"Por, nëse mund të bësh diçka, ki mëshirë për ne dhe na ndihmo!"* (Marku 9:22)

Sapo e dëgjoi kërkesën e të atit, Jezusi tha, *"Nëse mundesh? Çdo gjë është e mundur për atë që beson"* (v. 23). Dhe e qortoi burrin për besimin e vogël që kishte. Burri e kishte dëgjuar lajmin, por nuk besonte me gjithë zemër. Nëse ai do të ishte i vetëdijshëm se Jezusi, Biri i Perëndisë, ishte i gjithëpushtetshëm dhe vetë e vërteta, nuk do kishte thënë „Nëse". Në vend që të na mësonte se është e pamundur t'i përgjërohesh Perëndisë pa pasur besim dhe se është e pamundur të marrësh shërim pa besim të plotë, Jezusi tha „Nëse mundesh?" duke qortuar „besimin e vogël" që kishte burri.

Besimi mund të ndahet në dy lloje. Në „besimin e mishit" ose „besimin e dijes" ku dikush beson në atë që sheh. Lloji i besimit me të cilin dikush beson edhe pa parë është „besimi shpirtëror", „besimi i vërtetë" „besim i gjallë" ose „besim i shoqëruar me vepra". Ky lloj besimi mund të krijojë diçka nga asgjëja. Përkufizimi i „besimit" sipas Biblës është „*Siguria e gjërave që shpresohen, tregim i gjërave që nuk shihen*" (Hebrenjtë 11:1).

Kur njerëzit vuajnë nga sëmundje të shërueshme nga vetë njeriu, ata mund të shërohen sepse sëmundjet e tyre digjen nga zjarri i Frymës së Shenjtë kur ata tregojnë besimin e tyre dhe mbushen me Frymën e Shenjtë. Nëse një fillestar në jetën e tij si besimtar sëmuret, ai mund të shërohet kur hap zemrën e tij, dëgjon Fjalën dhe tregon besimin e tij. Nëse një i krishterë i pjekur në besim sëmuret, mund të shërohet nëse kthehet nga rruga e tij në pendim.

Kur njerëzit vuajnë nga sëmundje të cilat nuk mund të kurohen nga shkenca mjekësore, ata duhet të tregojnë besim më të madh. Nëse një i krishterë i pjekur në besim sëmuret, ai mund të shërohet kur hap zemrën, pendohet që ka dorëzuar zemrën e tij dhe ofron lutje të zjarrta. Nëse dikush me besim të vogël apo pa besim sëmuret, nuk do të shërohet derisa të japë besim dhe ta rrisë atë.

Ata që janë të paaftë fizikisht, trupat e të cilëve janë të deformuar apo kanë sëmundje të trashëguara mund të shërohen nga ndonjë mrekulli e Perëndisë. Prandaj, ata duhet t'i tregojnë Perëndisë dedikim dhe besimin me anë të të cilit mund të duan dhe t'i përgjërohen Atij. Vetëm atëherë mund ta njohë besimin e tyre Perëndia dhe t'i shërojë ata. Kur njerëzit ia shfaqin besimin e tyre të zjarrtë Perëndisë – ashtu si i thirri Bartmimeu Jezusit (Marku 10:46-52), ashtu si centurioni i tregoi Jezusit besimin e tij të madh (Mateu 8:5-13), dhe ashtu si i paralizuari dhe katër shokët e tij i shfaqën besimin dhe dedikimin (Marku 2:3-12) – Perëndia do t'u japë atyre shërimin.

Njësoj, duke qenë se njerëzit e pushtuar nga demonët nuk mund të shërohen pa punën e Perëndisë dhe janë të paaftë ta shfaqin besimin e tyre, për të sjellë shërimin nga qielli, pjesëtarët e tjerë të familjes duhet të besojnë te Perëndia i madhërishëm dhe të dalin para Tij.

2) Njerëzit duhet të zotërojnë besimin me anë të të cilit të mund të besojnë.

Babai i fëmijës i cili ishte pushtuar për një kohë të gjatë nga një demon u qortua fillimisht nga Jezusi për besimin e tij të vogël. Kur Jezusi i tha, *„Të gjitha gjërat janë të mundura për ata që besojnë"* (Marku 9:23), buzët e të atit dhanë një rrëfim pozitiv, *„Unë besoj"*. Por besimi i tij ishte i kufizuar nga dija. Kjo është arsyeja pse i ati i fëmijës iu lut Jezusit, *„[Ndihmoje] mosbesimin tim!"* (Marku 9:24) Sapo dëgjoi lutjen e të atit, nga zemra e tij e sinqertë, lutje e zjarrtë për besim, Jezusi e kuptoi dhe i dha burrit besimin me të cilin ai mund të besonte.

Në të njëjtën mënyrë, duke kërkuar Perëndinë ne mund të marrim besimin me anë të të cilit ne mund të besojmë dhe me këtë lloj besimi, do të jemi të aftë të marrim përgjigje ndaj problemeve tona, dhe „e pamundura" do të bëhet „e mundur".

Menjëherë, pasi i ati pati besimin me të cilin mund të besonte, kur Jezusi urdhëroi, *„O frymë memece dhe e shurdhët, unë po* *të urdhëroj, dil prej tij dhe mos hyr më kurrë tek ai,"* shpirti i keq u largua nga djali duke lëshuar britma (Marku 9:25-27). Sapo buzët e të atit u lutën për besimin me anë të të cilit mund të besonte dhe dëshironte ndërhyrjen e Perëndisë – edhe pasi Jezusi e qortoi atë – Jezusi shfaqi një vepër të mrekullueshme shërimi.

Jezusi madje iu përgjigj dhe e shëroi plotësisht të birin e tij i cili ishte pushtuar nga një frymë që e kishte lënë memec, dhe që kishte vuajtur nga epilepsia dhe shpesh rrëzohej me trup të ngrirë me shkumë në gojë, duke shtrënguar dhëmbët. Po atyre që besojnë në fuqinë e Perëndisë me të cilën gjithçka është e mundur dhe jetojnë sipas fjalës së tij, a nuk do t'u lejonte që gjithçka t'u shkonte mirë e që të kishin jetë të shëndetshme?

Pak pas themelimit të kishës Manmin, një burrë i ri nga provinca e Gang-uonit vizitoi kishën pasi dëgjoi lajme për të. I riu mendonte se po i shërbente Perëndisë me besnikëri si mësues i shkollës së dielës dhe si pjesëtar i korit të kishës. Por, ngaqë ishte shumë mendjemadh nuk e largonte dot të keqen, përkundrazi, mblidhte më shumë mëkate. Ai vuante nga pushtimi i një demoni sepse e kishte zemrën të papastër. Vepra e shërimit u shfaq nga lutjet e zjarrta të të atit. Pasi u përcaktua identiteti i demonit dhe pasi u nxorr jashtë me anë të lutjeve, i riu nxori shkumë nga goja, u përkul pas dhe lëshoi një erë të tmerrshme. Pas këtij incidenti, jeta e tij u përtëri dhe e mbështolli veten me të vërtetën në kishën Manmin. Sot, ai po i shërben me besnikëri kishës së tij në Gang-uon si dhe po i jep lavdi Perëndisë duke ndarë me njerëz të panumërt hirin e dëshmisë së shërimit të tij.

Në emër të Zotit tonë lutem që të kuptosh se puna e Perëndisë është e pakufishme dhe se çdo gjë është e mundur për Të, në mënyrë që kur ti të kërkosh me lutje jo vetëm që do të bëhesh fëmijë i Perëndisë, por gjithashtu edhe shenjtori i Tij i gëzuar, të cilit i shkojnë gjithmonë mirë të gjitha punët!

Kapitulli 7

Naamani, Besimi dhe Bindja e Lebrozit

Kështu Naamani erdhi
me kuajt dhe me qerret e tij dhe
u ndal te porta e shtëpisë së Eliseut.
Atëherë Eliseu i dërgoi një lajmëtar për t'i thënë:
„Shko të lahesh shtatë herë në Jordan dhe mishi yt do të kthehet
si më parë dhe do të jesh i pastër.
Atëherë ai zbriti dhe u zhyt shtatë herë në Jordan,
sipas fjalës së njeriut të Perëndisë,
mishi i tij u bë si mishi i një fëmije
të vogël dhe ai pastrua.

2 Mbretërve 5:9-10; 14

1. Gjenerali lebroz, Naamani

Gjatë jetës sonë, ndeshemi me probleme të mëdha e të vogla. Ndonjëherë përballemi me probleme që janë jashtë kufijve të njeriut.

Në vendin e quajtur Aram në veri të Izraelit, jetonte një komandant ushtrie i quajtur Naaman. Ai e kishte drejtuar ushtrinë e Aramit drejt fitores në momentin më kritik të vendit. Naamani e donte vendin e tij dhe i shërbeu me besnikëri mbretit të tij. Edhe pse mbreti kishte konsideratë të lartë për të, gjenerali ishte në ankth për shkak të një sekreti që askush tjetër nuk e dinte.

Cili ishte shkaku i ankthit të tij? Naamani ishte i shqetësuar jo për shkak të mungesës së pasurisë dhe famës. Ai ishte i hidhëruar dhe nuk gjente lumturi në jetë sepse ishte me lebër, një sëmundje e pashërueshme të cilën mjekësia e asaj kohe nuk ishte e aftë ta kuronte.

Gjatë kohës së Naamanit, njerëzit që vuanin nga lebra konsideroheshin të papastër. Ata ishin të detyruar të jetonin të izoluar jashtë kufijve të qytetit. Vuajtja e Naamanit ishte më e madhe sepse veç dhimbjes, ai kishte probleme të tjera që e shoqëronin sëmundjen. Simptomat e lebrës përfshinin njolla në trup, veçanërisht në fytyrë, pjesët e jashtme të krahëve dhe këmbëve, pjesët e brendshme të shputave të këmbëve, si dhe degradim të shqisave. Në raste të rënda, vetullat, thonjtë e gishtave dhe të këmbëve binin dhe i gjithë personi merrte pamje të zbehtë.

Një ditë, Naamani i cili ishte infektuar nga një sëmundje e pashërueshme u gëzua kur dëgjoi lajme të mira. Sipas një vajze të vogël që ishte marrë rob nga Izraeli dhe që i shërbente gruas së tij, ishte një profet në Samaria i cili mund ta shëronte Naamanin nga lebra. Ngaqë nuk kishte asgjë që nuk do ta bënte për t'u shëruar, Naamani i tregoi mbretit të tij për sëmundjen që kishte dhe se çfarë kishte dëgjuar nga shërbëtorja e tij. Sapo dëgjoi se gjenerali mund të shërohej nga lebra nëse do i dilte para një profeti në Samaria, mbreti e ndihmoi me zell si dhe i shkroi një letër mbretit të Izraelit për llogari të Naamanit.

Naamani u nis për Izrael me dhjetë monedha argjendi, gjashtëmijë shekel ari, dhjetë komplete rrobash dhe me letrën e mbretit e cila shkruante, *„Kur të të arrijë kjo letër, dije që po të dërgoj shërbëtorin tim Naaman, që ta shërosh nga lebra"* (v. 6). Në atë kohë, Arami ishte një komb më i fortë se Izraeli. Pasi lexoi letrën e mbretit të Aramit, mbreti i Izraelit grisi rrobat dhe tha, *„Mos jam gjë Perëndi? Pse dërgoi ky mik dikë që duhet kuruar nga lebra? Shiko si përpiqet të krijojë konflikte me mua!"* (v. 7).

Kur profeti i Izraelit, Elisha, dëgjoi këtë lajm, shkoi para mbretit dhe tha, *„Pse i grise rrobat? Le të vijë ai njeri tek unë dhe do të mësojë që ka një profet në Izrael"* (v. 8). Kur mbreti i Izraelit dërgoi Naamanin te shtëpia e Elishas, profeti nuk u takua me gjeneralin; por dërgoi fjalë me lajmëtarin e tij, *„Shko të lahesh shtatë herë në Jordan dhe mishi yt do të kthehet si më parë dhe do të jesh i pastër"* (v. 10).

Sa e vështirë duhet të ketë qenë për Naamanin, që shkoi me

kuajt dhe karrocat e tij te shtëpia e Elishas, vetëm për të takuar profetin, por ai as nuk e mirëpriti dhe as nuk e takoi? Gjenerali u inatos. Ai mendonte se pasiqë komandanti i ushtrisë më të fortë se ajo e Izraelit pagoi për një vizitë me profetin, profeti duhej ta kishte mirëpritur dhe t'i zgjaste dorën. Përkundrazi, Naamani mori një pritje të ftohtë nga profeti dhe iu tha të lahej në lumin që ishte i vogël dhe i pistë, në lumin Jordan.

Në inat e sipër mendoi të kthehej në shtëpi duke thënë, „*Ja, unë mendoja: „Ai ka për të dalë me siguri përballë meje, do të ndalet, do të përmendë emrin e Zotit, Perëndisë së tij, do të lëvizë dorën mbi pjesët e sëmura dhe do të më shërojë nga lebra". Lumenjtë e Damaskut, Abanahu dhe Farpari, a nuk janë më të mirë se tërë ujërat e Izraelit? Nuk mund të lahesha në to dhe të bëhem i pastër?"* (v. 11-12). Në momentin që po përgatitej për udhëtim për t'u kthyer në shtëpi, shërbëtorja i tha Naamanit, „*Ati ynë, në qoftë se profeti do të kishte urdhëruar një gjë të madhe, ti a do ta kishe bërë? Aq më tepër tani që të ka thënë: 'Lahu dhe do të pastrohesh'?"* (v. 13). Ata e nxitën zotërinë e tyre që t'u bindej udhëzimeve të Elishas.

Çfarë ndodhi kur Naamani u zhyt në lumin Jordan River shtatë herë, siç i tha Elisha? Mishi i tij u pastrua dhe iu bë si i një djali të ri. Lebra që i dha aq shumë shqetësime u shërua plotësisht. Kur një sëmundje e pashërueshme nga njeriu u shërua plotësisht nga bindja e Naamanit, gjenerali filloi ta njohë Perëndinë e gjallë dhe Elishan, si një njeri të Perëndisë.

Pasi përjetoi fuqinë e Perëndisë së gjallë – Perëndia Shëruesi i lebrës – Naamani u kthye për te Elisha dhe i rrëfeu, „*Pastaj u kthye me gjithë suitën e tij te njeriu i Perëndisë, shkoi e u paraqit para tij dhe tha: "Tani e pranoj që nuk ka asnjë Perëndi në gjithë dheun, përveç se në Izrael. Prandaj tani prano një dhuratë, të lutem, nga shërbëtori yt". Por ai u përgjigj: 'Ashtu siç është e vërtetë që rron Zoti, në prani të të cilit ndodhem, nuk kam për të pranuar asgjë'. Naamani ngulte këmbë që të pranonte, por ai refuzonte. Atëherë Naamani tha: 'Me qenë se ti nuk do, lejo që t'i jepet shërbëtorit tënd aq tokë sa mund të mbajnë dy mushka, sepse shërbëtori yt nuk do t'u ofrojë më olokauste as flijime perëndive të tjera, por vetëm Zotit'"*, dhe i dha lavdi Perëndisë (2 Mbretërve 5:15-17).

2. Besimi dhe vepra i Naamanit

Le të shohim besimin dhe veprimin e Naamanit, i cili takoi Perëndinë Shërues dhe u shërua nga një sëmundje e pashërueshme.

1) Ndërgjegjja e mirë e Naamanit

Shumë njerëz me vështirësi i pranojnë dhe besojnë fjalët e të tjerëve ndërsa këta të fundit priren të dyshojnë në mënyrë të pakushtëzuar për njerëzit e tjerë. Ngaqë Naamani kishte një ndërgjegje të mirë, nuk i shpërfilli fjalët e të tjerëve, por i pranoi. Ai mundi të shkonte në Izrael, t'u bindej udhëzimeve të Elishas dhe të merrte shërimin pasi ai nuk neglizhoi, por u kushtoi rëndësi dhe u besoi fjalëve të një vajze të vogël që i shërbente gruas së tij. Kur kjo vajzë e vogël që ishte zënë rob në Izrael i tha gruas së tij, *„Do të doja që zotëria im të ishte me profetin që është në Samari! Atëherë do të shërohej nga lebra,"* (v. 5) Naamani i besoi. Supozo sikur të ishe në vendin e Naamanit. Çfarë do të bëje? A do t'u besoje fjalëve të saj? Pavarësisht zhvillimit të mjekësisë sot, ka shumë sëmundje kundër të cilave mjekësia është e pavlefshme. Nëse thua se je shëruar falë Perëndisë nga një sëmundje e pashërueshme apo se je shëruar pasi je lutur, sa njerëz mendon se do të të besojnë? Naamani besoi te fjalët e vajzës, shkoi para mbretit për të marrë leje, shkoi në Izrael dhe mori shërim. Me fjalë të tjera, ngaqë Naamani kishte një ndërgjegje të mirë mundi të pranonte fjalët e vajzës së vogël kur ajo e ungjillëzoi. Ne duhet gjithashtu të dimë se nëse predikojmë ungjillin, mund të marrim përgjigje ndaj problemeve vetëm nëse besojmë te predikimi dhe dalim para Perëndisë siç bëri Naamani.

2) Naamani hodhi poshtë mendimet e veta

Kur Naamani shkoi në Izrael me ndihmën e mbretit dhe më pas në shtëpinë e Elishas, profeti mund ta shëronte nga lebra, por ai mori një pritje të ftohtë. Ai u inatos kur Elisha, i cili nuk kishte famë apo status shoqëror në sytë e jobesimtarit Naaman, nuk e mirëpriti shërbyesin besnik të mbretit të Aramit. Përkundrazi i tha Naamanit – përmes një lajmëtari – të lahej shtatë herë në lumin Jordan. Naamani ishte i inatosur sepse ishte dërguar personalisht nga mbreti i Aramit. Për më tepër, Elisha në vend që t'i jepte dorën Naamanit e dërgoi të lahej duke mos i thënë se mund të pastrohej nëse do zhytej në lumin e vogël dhe të pistë. Naamani u tërbua nga veprimi i profetit Elisha ngaqë nuk ia kuptoi mendimet. U përgatit për t'u kthyer në shtëpi, duke menduar se kishte shumë lumenj të tjerë më të mëdhenj dhe më të pastër në qytetin e tij ku ai mund të pastrohej nëse do vendoste të lahej aty. Në atë moment, shërbyesja e Naamanit e nxiti zotërinë e saj që t'iu bindej udhëzimeve të Elishas dhe të zhytej në lumin Jordan.

Ngaqë Naamani kishte ndërgjegje të mirë, nuk veproi sipas mendjes së tij por vendosi t'u bindej udhëzimeve të Elishas. Midis shumë njerëzve të një statusi shoqëror si Naamani, sa prej tyre do të pendoheshin dhe do të bindeshin nga nxitja e shërbyeses së tyre që ishte në një status më të ulët?

Siç shohim te Isaia 55:8-9, „*'Duke qenë se mendimet e mia nuk janë mendimet tuaja, dhe as rrugët tuaja nuk janë rrugët e mia', thotë Zoti. 'Ashtu si qiejtë janë më të lartë se toka, kështu edhe rrugët e mia janë më të larta se rrugët tuaja dhe mendimet e mia janë më të larta se mendimet tuaja'"*, kur ne ndikohemi nga mendimet dhe teoritë e njeriut, nuk mund t'i bindemi Fjalës së Perëndisë. Le të kujtojmë fundin e mbretit Saul që nuk iu bind Zotit. Kur u përmbahemi mendimeve të njeriut dhe nuk i bindemi vullnetit të Perëndisë, ky është një akt mosbindjeje dhe nëse vërtetojmë mosbindjen tonë, duhet të kujtojmë se Perëndia na braktis dhe na refuzon, ashtu siç bëri me mbretin Saul.

Lexojmë te 1 Samueli 15:22-23, „*Samueli i tha: 'Ndoshta i pëlqejnë Zotit olokaustet dhe flijimet si bindje ndaj zërit të*

Zotit? Ja, bindja është më e mirë se flijimi; dhe të dëgjosh me kujdes është më mirë se dhjami i deshve. Sepse rebelimi është si mëkati i shortarisë dhe kryeneçësia është si kulti i idhujve dhe i perëndive shtëpiake. Duke qenë se ke hedhur poshtë fjalën e Zotit, edhe ai të ka hedhur poshtë si mbret.'" Naamani mendoi dy herë dhe vendosi të thyejë mendimin e tij dhe të ndjekë udhëzimet e Elishas, njeriut të Perëndisë.

Në të njëjtën mënyrë, duhet të kujtojmë se vetëm kur të largojmë zemrën tonë të mbushur me mosbindje dhe ta transformojmë në një zemër që i bindet vullnetit të Perëndisë, mund të realizojmë dëshirat tona.

3) Naamani iu bind fjalës së profetit

Duke ndjekur udhëzimet e Elishas, Naamani shkoi në lumin Jordan dhe u la. Aty kishte shumë lumenj të tjerë më të mëdhenj dhe më të pastër, por udhëzimi i Elishas për të shkuar tek ai lum kishte kuptim shpirtëror. Lumi Jordan simbolizon shpëtimin, ku uji simbolizon Fjalën e Perëndisë i cili i pastron njerëzit nga mëkatet dhe u mundëson atyre shpëtimin (Gjoni 4:14). Kjo është arsyeja pse Elisha donte që Naamani të lahej në lumin Jordan i cili do ta çonte drejt shpëtimit. Nuk ka rëndësi se sa të mëdhenj apo të pastër mund të jenë lumenjtë e tjerë, ata nuk i çojnë njerëzit drejt shpëtimit dhe nuk kanë të bëjnë me Perëndinë.

Ashtu siç na thotë Jezusi te Gjoni 3:5, *„Në të vërtetë, në të vërtetë po të them se kush nuk ka lindur nga uji dhe nga Fryma, nuk mund të hyjë në mbretërinë e Perëndisë,"* duke u larë vetë në lumin Jordan, një shteg u hap për Naamanin në mënyrë që të merrte faljen për mëkatet e tij dhe shërimin si dhe të takonte Perëndinë e gjallë.

Pse iu tha Naamanit të lahej shtatë herë? Numri „7" është një numër i plotë që simbolizon përkryeshmërinë. Duke i thënë Naamanit të lahej shtatë herë, Elisha po i tregonte gjeneralit se ai mund të merrte faljen për mëkatet dhe mund të jetonte me Fjalën e Perëndisë. Vetëm atëherë mund të bëhej i mundur shërimi i sëmundjes së pashërueshme.

Gjithashtu, mësojmë se Naamani mori shërim nga lebra, kundër së cilës nuk luftonte dot asnjë ilaç apo njeri, sepse iu bind fjalës së profetit. Në Bibël na thuhet qartë, *„Sepse fjala e Perëndisë është e gjallë dhe vepruese, më e mprehtë se çdo shpatë me dy tehe dhe depërton deri në ndarjen e shpirtit dhe të frymës, të nyjeve dhe të palcave, dhe është në gjendje të gjykojë mendimet dhe dëshirat e zemrës. Dhe nuk ka asnjë krijesë që të jetë e fshehur para tij, por të gjitha janë lakuriq dhe të zbuluara para syve të Atij, të cilit ne do t'i japim llogari"* (Hebrenjve 4:12-13).

Naamani shkoi para Perëndisë për të cilin asgjë nuk është e pamundur, shkatërroi mendimet e tij, u pendua dhe iu bind vullnetit të Perëndisë. Sapo Naamani u zhyt shtatë herë në lumin Jordan, Perëndia e pa besimin e tij, dhe e shëroi nga lebra. Ndërkohë ai pa që mishi po i ripërtërihej dhe po i pastrohej duke iu bërë i pastër si lëkura e një djali të ri.

Duke na treguar një shembull të qartë të asaj që mund të bëjë vetëm fuqia e Tij, Perëndia na thotë se çdo sëmundje e pashërueshme mund të shërohet nëse lutemi me besimin tonë të shoqëruar me vepra.

3. Naamani i jep lavdi Perëndisë

Pasi Naamani u shërua nga lebra, ai kthehet te Elisha dhe i rrëfen, *„Tani e di nuk ka Zot tjetër në botë veçse në Izrael... shërbyesi yt nuk do bëjë më oferta me djegie dhe sakrifica për perënditë e tjerë, por vetëm Perëndisë"* (2 Mbretërve 5:15-17) dhe i dha lavdi Perëndisë.

Te Luka 17:11-19 është një skenë ku dhjetë njerëz takojnë Jezusin dhe u shërohen nga lebra. Por, vetëm njëri prej tyre kthehet te Jezusi duke lavdëruar Perëndinë me zë të lartë dhe ulet te këmbët e Jezusit duke e falënderuar. Te vargjet 17-18, Jezusi pyet burrin, *„A nuk u shëruan që të dhjetë? Ku janë nëntë të tjerët? A nuk gjet asnjë që të kthehet për të dhënë lavdi Perëndisë, përveç këtij të huaji?"* Në vargun e mëposhtëm 19, Ai i thotë burrit, *„Çohu dhe shko; besimi yt të shëroi".* Nëse marrim shërim nga fuqia e Perëndisë, duhet që jo vetëm t'i japim lavdi Atij, të pranojnë Jezus Krishtin dhe të arrijmë shpëtimin, por gjithashtu të jetojmë sipas Fjalës së Perëndisë.

Naamani kishte atë lloj besimi që e ndihmoi të shërohej nga lebra, që në kohën e tij ishte sëmundje e pashërueshme. Ai kishte ndërgjegje të mirë dhe besoi fjalët e një vajze të vogël. Ai kishte atë lloj besimi saqë ishte i gatshëm të vizitonte një profet. Ai tregoi veprën e bindjes edhe pse udhëzimi i profetit Elisha nuk përputhej me mendimet e tij.

Naamani, një johebre, vuante nga një sëmundje e pashërueshme, por përmes sëmundjes ai takoi Perëndinë e gjallë dhe përjetoi veprën e shërimit. Çdokush që del para Perëndisë së madhërishëm dhe shfaq besimin e tij me vepra do të marrë përgjigje ndaj problemeve të tij, dhe nuk ka rëndësi se sa të vështira mund të jenë.

Lutem në emër të Perëndisë që të kesh besim, ta shfaqësh atë me vepra, të marrësh përgjigje ndaj të gjitha problemeve të tua në jetë si dhe të bëhesh një shenjtor i bekuar duke i dhënë lavdi Perëndisë.

Autori:
Dr. Xherok Li

Dr. Xherok Li lindi në Muan, në provincën Xheonam, në Republikën e Koresë së Jugut, në vitin 1943. Në të njëzetat, për shtatë vite, Dr. Li vuajti nga një numër sëmundjesh të pashërueshme dhe ishte në pritje të vdekjes pa asnjë shpresë shërimi. Një ditë, në pranverën e vitit 1974, motra e tij e drejtoi te një kishë dhe kur u gjunjëzua për t'u lutur, Perëndia i gjallë e shëroi menjëherë nga të gjitha sëmundjet.

Që nga momenti që Dr. Li takoi Perëndinë e gjallë nëpërmjet asaj përvoje të mrekullueshme, ai e ka dashur Perëndinë me gjithë zemrën dhe sinqeritetin e tij, dhe në vitin 1978 pati thirrjen për t'u bërë shërbëtor i Perëndisë. Ai u lut me zjarr që të mund ta kuptonte qartë vullnetin e Perëndisë dhe që ta zbatonte atë plotësisht, dhe iu bind të gjithë fjalës së Perëndisë. Në vitin 1982, ai themeloi Kishën Manmin në Seoul, Koreja e Jugut, dhe në kishën e tij kanë ndodhur shërime të mrekullueshme dhe mrekulli të tjera.

Në vitin 1986, Dr. Li u vajos si pastor në Asamblenë Vjetore të Kishës së Jezusit në Sungkiul të Koresë, dhe katër vite më vonë në vitin 1990, predikimet e tij filluan të transmetohen në Australi, SHBA, Rusi, Filipine dhe shumë vende të tjera nëpërmjet radiove Far East Broadcasting Company, Asia Broadcast Station, dhe Washington Christian Radio System.

Tri vite më vonë, në vitin 1993, revista amerikane *Christian World* zgjodhi Kishën Qendrore Manmin si një nga „50 Kishat e Para në Botë" dhe ai mori një Doktoraturë Nderi në Teologji nga kolegji Christian Faith College, Florida, SHBA, dhe më pas në vitin 1996 një Doktoraturë në Ungjillëzim nga Kingsway Theological Seminary, Ajoua, SHBA.

Që nga viti 1993, Dr. Li ka drejtuar misione në botë nëpërmjet shumë kryqëzatave, përtej detit në Tanzani, Argjentinë, Uganda, Japoni, Pakistan, Kenia, Filipine, Honduras, Indi, Rusi, Gjermani, Peru, Republikën Demokratike të Kongos dhe në Nju Jork të SHBA-së. Në vitin 2002 gazetat më të mëdha të krishtera në Kore e quajtën atë një „pastor botëror" për punën e tij në një numër kryqëzatash të ndryshme përtej detit.

Duke filluar nga mars 2017, Kisha Qendrore Manmin është një bashkësi me më shumë se 120,000 anëtarë dhe me 11,000 kisha lokale në vend dhe jashtë vendit në mbarë botën, si dhe ka dërguar në mision më shumë se 102 misionarë në 23 vende, si në Shtetet e Bashkuara, Rusi, Gjermani, Kanada, Japoni, Kinë, Francë, Indi, Kenia dhe shumë vende të tjera.

Deri më sot, Dr. Li ka shkruar 107 libra, ku përfshihen librat bestseller *Shijo Jetën e Përjetshme përpara Vdekjes, Jeta Ime Besimi Im I dhe II, Mesazhi i Kryqit, Masa e Besimit, Qielli I & II, Ferri,* dhe *Fuqia e Perëndisë.* Librat e tij janë përkthyer në më shumë se 76 gjuhë.

Shkrimet e tij të krishtera botohen në *The Hankook Ilbo, The JoongAng Daily, The Çosun Ilbo, The Dong-A Ilbo, The Seoul Shinmun, The Kyunghyang Shinmun, The Korea Economic Daily, The Korea Herald, The Shisa News,* dhe *The Christian Press.*

Aktualisht Dr. Li është themelues dhe president i një numri organizatash misionare dhe shoqatash: përfshirë Kryetar, Kisha e Shenjtërisë së Bashkuar e Jezus Krishtit; President i Përhershëm, Shoqata e Misionit të Rilindjes së Krishterimit Botëror; Themelues dhe Kryetar Bordi, Rrjeti Global i Krishterë (GCN); Themelues dhe Kryetar Bordi, Rrjeti Botëror i Doktorëve të Krishterë (WCDN); dhe Themelues dhe Kryetar Bordi, Seminari Ndërkombëtar Manmin (MIS).

Libra të tjerë të fuqishëm nga i njëjti autor

Qielli I

Një përshkrim i detajuar i vendit të jashtëzakonshëm që shijojnë qytetarët e qiellit dhe një përshkrim i bukur i niveleve të ndryshme në mbretëritë qiellore.

Qielli II

Ftesë në qytetin e shenjtë të Jeruzalemit të Ri, portat e të cilit janë bërë me perla të shkëlqyeshme, është në mes të qiellit të shndritshëm, që shkëlqen si një margaritar i çmuar.

Mesazhi i Kryqit

Një mesazh i fuqishëm zgjimi për të gjithë ata që janë të shpirtërisht në gjumë. Në këtë libër, do të gjeni arsyen pse Jezusi është Shpëtimtari i vetëm dhe dashuria e vërtetë e Perëndisë.

Ferri

Një mesazh i rëndësishëm nga Perëndia për të gjithë njerëzimin, i cili nuk dëshiron që asnjë shpirt të bjerë në humnerat e ferrit! Ju do të zbuloni histori të pazbuluar më parë të realitetit të tmerrshëm të hadesit dhe ferrit.

Masa e Besimit

Ç'lloj vendbanimi, ç'lloj kurore dhe shpërblimi është përgatitur në qiell për ty? Ky libër të siguron dituri dhe udhëzim për të matur besimin.

Zgjohu Izrael

Pse i ka mbajtur Perëndia sytë e Tij mbi Izraelin që nga fillimi i botës deri më sot? Çfarë plani ka Perëndia për Izraelin për ditët e fundit, i cili pret Mesinë?

Jeta Ime, Besimi Im I & II

Një aromë frymërore me erën më të këndshme e cila del nga jeta që ka lulëzuar me dashurinë e pamatshme për Perëndinë, në mes të dallgëve të egra, ftohtësisë dhe dëshpërimit më të thellë.

Fuqia e Perëndisë

Një libër që duhet lexuar, i cili shërben si udhëzim themelor nëpërmjet të cilit mund të fitohet besimi i vërtetë dhe të përjetohet vepra e mrekullueshme e Perëndisë.

www.urimbooks.com

www.ingramcontent.com/pod-product-compliance
Lightning Source LLC
LaVergne TN
LVHW041854070526
838199LV00045BB/1599